Beleza SUSTENTÁVEL

Como Pensar, Agir e Permanecer JOVEM

Dra. Carla Góes Souza Pérez

Beleza
SUSTENTÁVEL

Como Pensar, Agir e Permanecer JOVEM

INTEGRARE
EDITORA

Publisher
Maurício Machado

Supervisora editorial
Luciana M. Tiba

Coordenação e produção editorial
Nobreart Comunicação

Preparação de texto
Texto & Contexto

Revisão
Adir de Lima
Adriane Gozzo

Projeto gráfico de capa e de miolo / Diagramação
Nobreart Comunicação

Foto de 4ª capa
Priscila Prade

Dados Internacionais de Catalogação na Publicação (CIP)
(Câmara Brasileira do Livro, SP, Brasil)

Pérez, Carla Góes Souza
 Beleza sustentável : como pensar, agir e permanecer jovem / Carla Góes Souza Pérez.
– São Paulo : Integrare Editora, 2010.

 Bibliografia.
 ISBN 978-85-99362-57-0

 1. Beleza - Cuidados 2. Dermatologia
 3. Estética 4. Saúde - Promoção I. Título.

10-10847   CDD-616.5
                                                                                                   NLM-WR 100

Índices para catálogo sistemático:
1. Dermatologia estética : Ciências médicas 616.5

Todos os direitos reservados à
INTEGRARE EDITORA E LIVRARIA LTDA.
Rua Tabapuã, 1123, 7º andar, conj. 71-74
CEP 04533-014 – São Paulo – SP – Brasil
Tel. (55) (11) 3562-8590
Visite nosso site: www.integrareeditora.com.br

Agradecimentos

Agradecimentos

Dedico este livro à minha família por todo amor e carinho que nos fortalece e une mais e mais a cada dia.

Em especial ao meu pai, José Oduvaldo, pelo imenso e fundamental apoio neste momento da minha vida, pois sem ele nada seria possível.

Ele me ensinou coisas simples, mas essenciais que eu trago na lembrança e que alimentam a criança que vive em mim.

Aos meus filhos maravilhosos Carolina e Afonso, e a Lucca e Marjorie, filhos do coração. Com eles tenho lições diárias de carinho, crescimento e amor incondicional.

Ao meu amado marido Roberto Pérez, companheiro em todos os momentos da minha vida, que, com todo amor, paciência, carinho e dedicação me ensinou com muita cumplicidade a construir um novo caminhar.

Prefácio

Prefácio

Faz muito, muito tempo que li a entrevista de Marcello Mastroianni que tanto me marcou. O belo ator italiano, já em idade avançada, dizia que ao olhar o próprio rosto marcado de rugas apreciava a expressão que estava como que congelada na face. Os vincos lhe faziam constatar que tivera uma vida em que o sorriso foi mais frequente que a angústia e que a preocupação era um pálido rascunho na face marcada pelos traços do riso.

Jamais me esqueci disso. De lá para cá, observo atentamente a história que meu rosto escreve à medida que o tempo passa e procuro ler em meus contemporâneos os traços que podem dizer tanto sobre eles. A força e a fragilidade, a leveza e a dureza, a rigidez e a flexibilidade, o bom e o mau caráter – tudo isso fica impresso na pele, na bochecha, no cenho. E, claro, no olhar, janela devassável da nossa alma.

Entretanto, as cirurgias plásticas, o Botox, os preenchimentos não vieram justamente para apagar todos esses vestígios de vida vivida? Não servem exatamente para confeccionar a máscara com que mostramos aos outros uma imagem ideal, opaca de todas as experiências, muda em seu relato de vivências, dores, decepções e frustrações?

Depende. É preciso só um pouquinho de imaginação para decifrar esses rostos plastificados, de pele esticada além da conta e expressão enrijecida. O que eles nos dizem de seus donos? Refletem autoestima em harmonia com a vida ou uma busca angustiada pela juventude perdida? O que os olhos buscam no espelho? Uma imagem que conserte os desacertos da vida, que lhes devolva a impressão de que tiveram uma história que poderia ter sido e não foi?

Nosso rosto não esconde coisa alguma. Ele fala de nós o tempo todo, não importa a qualidade da pele ou do médico. E é por isso mesmo que todo aconselhamento de beleza não pode prescindir da receita fundamental: nada é mais belo do que uma vida bem vivida; nada faz tão bem ao rosto e aos olhos do que digerir bem as coisas boas e ruins que nos acontecem, sabendo prolongar o prazo de duração das primeiras e reduzir o efeito das segundas.

Por isso, se você procura apenas as últimas novidades para tratar da pele e da saúde neste livro, saiba que a Dra. Carla Goés vai dizer que não bastam os tubos de cremes de alta tecnologia, os alimentos saudáveis e as atividades físicas. Que os tratamentos, na verdade, são coadjuvantes importantes na busca da alegria, do relaxamento e da longevidade; que uns não andam sem os outros e que beleza está ao alcance de todos, sim. Mas não são tudo.

A era das celebridades nos faz perder tempo com muita bobagem, mas um ensinamento do nosso tempo é proveitoso. As belas que tanto admiramos nem por isso são felizes. Lembram de Nicole Kidman, magérrima, lindíssima, talentosíssima, lamentando ser abandonada por Tom Cruise? Que homem, meu Deus, largaria a fabulosa Nicole?

No entanto, quem não conhece pessoas acima do peso, de olhos pequenos, nariz grande e cabelos opacos que exalam alegria de viver e em torno de quem gravitam pessoas de todas as idades, que permitem que sua própria história seja trançada com a de outros em convivência divertida e solidária, abertas para as novidades e as surpresas de cada dia?

Tudo isso aprendi com este livro. Podemos sair dos consultórios de dermatologistas e cirurgiões plásticos com prescrições exatas e complexas, sofrer alguma dor, ter disciplina no tratamento e, ainda assim, o bom resultado vai depender de leveza e da disposição favorável do espírito.

A boa notícia é que a experiência num consultório médico pode ser uma dessas experiências agradáveis da vida. É bom saber que adiar os efeitos do tempo está ao alcance da mão, que os princípios ativos de tantos produtos estão cada vez mais acessíveis em fórmulas manipuladas na farmácia do bairro e não são mais privilégio das atrizes de cinema e de televisão.

Para mim, a lição de Marcello Mastroianni sobre seu próprio rosto intacto é complementar à autoindulgência sem culpa que os métodos de tratamento de beleza nos permitem. Ambas são faces da mesma moeda com que pagamos o tributo à vida que nos foi dada para viver. Mesmo porque, até onde se sabe, o tempo não para e não volta. E é bom que seja assim. É bom e bonito.

Mônica Waldvogel

Sumário

Introdução

Introdução

A vontade de escrever um livro que fosse um aliado e confidente para as mulheres era uma ideia que não saía do meu pensamento. Só faltava saber qual a melhor maneira de começar esse relacionamento tão íntimo. Foi quando consegui ver claramente, por meio das conversas com as pacientes e da minha experiência pessoal, que o momento que marca e muda para sempre a nossa vida começava com a maternidade e suas alterações, dúvidas, inseguranças e transformações emocionais. Foi então que, em 2000, nasceu o livro *Grávida e bela*. O principal objetivo da obra é mostrar quão peculiar e maravilhosa é a fase da gravidez, repleta de descobertas e emoções, a importância do companheirismo nos relacionamentos e, principalmente, deixar claro que a mulher pode e deve se sentir plena e bela durante esse período. Quando fui entrevistada pela primeira vez no programa do Jô Soares, para falar sobre o *Grávida e bela*, jamais imaginei que isso fosse repercutir internacionalmente, pois recebi e-mails de vários países, até mesmo do Japão. Mulheres brasileiras, a maioria gestante, compartilhavam minha experiência com grande alegria e me cumprimentavam pela iniciativa. E, o melhor, pude sentir na pele e entender intimamente essas mulheres: na época, eu estava grávida de oito meses e alguns dias. Foi um período de muitas descobertas,

em que comecei a observar as mudanças nas gestantes que encontrava e, principalmente, nas minhas pacientes grávidas. Elas estavam a cada dia mais vaidosas e bonitas, além de arrojadas nas suas atitudes e até na maneira de se vestir.

Foram cerca de 8 mil e-mails no primeiro dia, e em apenas três dias precisei de um suporte maior para receber a correspondência e responder às pessoas que carinhosamente escreviam e telefonavam. Fiquei radiante por conseguir passar a mensagem de autoestima e amor. Não foi fácil responder a todos os e-mails e telefonemas, mas com ajuda tentei fazer o máximo que pude. Muitas leitoras continuaram o contato e após o parto começaram a mandar mensagens como: "E agora? Estou me sentindo órfã. Como continua?". Assim, dei início ao segundo livro, *Mãe... e agora?*, que foi escrito com muita emoção, tentando passar a importância da relação mãe e filho, o valor da saúde emocional familiar com a chegada do bebê e sempre com o cuidado em colocar essa mãe novamente em contato com ela mesma, com seu parceiro e com o universo feminino. *Mãe... e agora?* foi lançado e recebido com grande carinho por leitores já fiéis. Claro que não foi tão fácil escrevê-lo, pois na época – com uma filha de oito anos e um bebê, além de manter o atendimento na clínica, entrevistas, aulas, palestras – foi uma correria. Mas valeu a pena, pois hoje o *Grávida e bela* está na 12ª edição e o *Mãe... e agora?* está na 3ª edição.

Beleza sustentável é uma continuação do meu trabalho na observação do ser humano em sua totalidade. Foi escrito com muito carinho e respeito por nós, homens e mulheres. Atualmente, cumprimos inúmeras jornadas diárias, voltadas a todas as exigências e deveres que o mundo moderno impõe à maioria. Quantas vezes, no decorrer da vida, muitos de vocês tiveram de abrir mão de ambições profissionais e pessoais em prol da família. Outros conseguiram conciliar as inúmeras tarefas e puseram em prática seus projetos, ocupando lugares de destaque em várias áreas. Mas seja você um profissional de sucesso ou uma dona de casa que tenha passado a vida cuidando da família, algumas questões sempre vêm à tona: "Como estou? Estou nos padrões atuais ou fiquei ultrapassado? Estou envelhecendo? O que posso fazer para mudar isso? Como viver essa fase sem medo?".

É comum a preocupação com a aparência, com o peso, com as alterações que o tempo começa a mostrar, e, nas mais vaidosas, surge uma sensação inevitável de descontentamento. Ainda mais nos tempos de hoje, em que a nossa sociedade adquiriu essa fixação pelo novo, pelo descartável, pela valorização exagerada da aparência, deixando de considerar, muitas vezes, potenciais incríveis.

Acho extremamente importante o cuidado com a saúde, um corpo saudável, a musculatura forte, uma boa aparência, pois é um sinal de amor-próprio. Mas é fundamental olhar para dentro de si, lá na sua essência, e ver se você está cuidando do seu espírito, da sua luz interior, ou da sua energia, como preferir chamar, dependendo daquilo em que acredite. Quantas horas ou minutos do dia eu dedico só para mim? O que faço pela minha saúde, pelo meu corpo? Pelo meu emocional? E a alimentação, está adequada?

A medicina evoluiu. Ótimo!!! Lance mão dela e procure sentir-se bem tanto no físico como no emocional; organize suas prioridades e saiba que, quanto mais cedo você começar a prezar a qualidade de vida, mais poderá controlar o relógio biológico em relação a sua idade cronológica. Nunca é tarde para recomeçar. Sentir-se bem consigo mesmo é o que todos nós buscamos, sempre. Seja aos 20, aos 30 ou aos 70 anos.

Dra. Carla Góes Souza Pérez

Pense saudável

A medicina fez grandes descobertas. Hoje a visão médica do processo que leva o corpo humano aos caminhos do envelhecimento e suas modificações está mais segura diante dos últimos estudos bioquímicos realizados. Os geneticistas buscam explicações e soluções para retardar ao máximo essa cascata de alterações que desencadeia várias outras transformações no ser humano.

É importante que sejamos tratados como um todo, monitorados mesmo, pois fatores genéticos, ambientais e alimentares são muito importantes para que possamos ter o equilíbrio ideal.

No meu consultório recebo cada vez mais pacientes que estão preocupados com a beleza, a saúde, o peso, as rugas etc. O que todos têm em comum? O desejo de retardar o envelhecimento. Manter-se jovem por mais tempo. Enquanto não se descobre uma injeção ou uma pílula que desacelere o processo de envelhecimento, devemos buscar outras alternativas.

Sabemos que hoje a perspectiva de vida de homens e mulheres aumentou muito. E, apesar de fatores genéticos serem responsáveis pelo desencadeamento de determinadas doenças, podemos contar com a medicina como nossa aliada. Nós viveremos muito mais, isso é certo, por isso precisamos ter consciência da importância dos cuidados com o corpo e a mente. É necessário ter um suporte físico e mental para acompanhar essa evolução e manter as estruturas do corpo saudáveis. Precisamos viver sabendo que esse corpo é único, que nos foi dado e precisa de cuidados, porque afinal ele irá nos acompanhar até o último momento.

Imagine seu corpo como se fosse uma casa. Ela foi construída um dia e tudo era muito novo e foi cuidadosamente planejado. Para que essa casa seja habitada ao longo da vida, ela precisará de manutenção e cuidados constantes: uma pintura, uma limpeza no telhado, e assim por diante. Todo cuidado e carinho levarão você a ter um local tranquilo e saudável para viver, para que possa ter condições de seguir seus ideais de vida com mais felicidade, segurança, vitalidade e lucidez.

Alimentos ricos em gordura, além de aumentar os riscos da obesidade, estão associados a várias patologias, como hipertensão arterial, diabetes, entre outras. Alimentos mais saudáveis são os ideais, pois seguir uma dieta balanceada prolonga a longevidade. Claro que a herança genética interfere, mas com hábitos de vida saudáveis podemos garantir uma vida mais longa e produtiva.

Quando um paciente chega ao meu consultório e começa falando que seus familiares possuem certas patologias ou características corporais, sempre explico que será importante redobrar os cuidados nesses aspectos, por meio de exames e acompanhamento médico de rotina, para se evitar ou reverter determinado quadro. Só você pode criar seu futuro. Pense seriamente nisso.

O Brasil tem hoje mais de 13 milhões de idosos, o que representa 6,73% da população. Em 2050, teremos ultrapassado os 48 milhões, segundo dados do IBGE, com aumento expressivo da expectativa de vida, que dobrou em cem anos – em 1900 era de 33,7 anos e, em 2000, de 68,3 anos. Viveremos mais, portanto não podemos deixar nossa casa desmoronar, não é mesmo?

Muitas mudanças físicas que ocorrem com a idade afetam a aparência: ganha-se algum tipo de gordura localizada, perde-se a estatura e a musculatura, aparecem manchas na pele por causa das excessivas exposições ao sol, entre outras coisas. Lembre-se de que o estresse também compromete o bem-estar, pode trazer problemas físicos e até mesmo levar a alterações cardíacas. Mas uma coisa é certa: a idade cronológica pode ser diferente da idade biológica. Só depende de você. Por isso tenha muito amor-próprio. A verdade é que não existe uma fórmula mágica. Cada um precisa desenvolver esse mecanismo. Comece cultivando hábitos saudáveis. Procure ser feliz, mantenha a sua essência, tenha uma alimentação equilibrada, faça atividades físicas sempre e tenha uma mente ativa. Sabemos que quem pratica esportes e mantém a mente ativa terá melhor noite de sono, e isso é fundamental para a sua vida e para se manter jovem. Temos a nossa disposição tantas ferramentas e truques para desafiar a idade que fico indecisa por onde começar. A maioria é simples e requer pouco esforço: exercícios diários como caminhadas, jardinagem, atitude otimista diante da vida, ingestão de alimentos saudáveis e antioxidantes, vida social ativa, proteção solar e ficar longe do fumo e do álcool. Estes pequenos ajustes tornam os anos extras mais alegres. Só você pode decidir viver mais tempo e melhor.

Comece agora uma vida saudável e mude o seu futuro.

COMO O TEMPO AGE

Temos conhecimento de que o tempo "é ingrato com o corpo", como se costuma dizer, mas o que realmente acontece é um desgaste. A cada década de vida aumenta a probabilidade de sofrermos de doenças cardiovasculares, como o infarto e o AVC (derrame), e de câncer, mas nem sempre é preciso acontecer dessa forma. As artérias, importante componente do sistema circulatório, estão sobrecarregadas, seja pelo estresse, pelo tabagismo, pela alimentação inadequada etc. O fluxo sanguíneo que passa por elas corresponde à frequência cardíaca de aproximadamente 80 batimentos por minuto, isso durante vários anos. Não é de espantar que elas comecem a ter problemas.

Existem ainda as doenças degenerativas que podem surgir com a idade, como a aterosclerose e o mal de Alzheimer. Dessas, a mais comum é a aterosclerose.

Aterosclerose

É o acúmulo de gordura no interior da parede das artérias, o que faz diminuir o seu calibre. Uma artéria com o caminho estreitado não consegue levar sangue suficiente e outros nutrientes, como o oxigênio, aos nossos órgãos. Isso pode causar vários males:

❧ No coração: causa dor intensa (angina no peito).

❧ No cérebro: lapsos de memória e de concentração e redução da agilidade mental.

Quais são os fatores que estão relacionados à aterosclerose?

❧ **Hereditariedade**
O histórico familiar aumenta o risco de desenvolvimento da aterosclerose. A medicina está avançando para que no futuro possamos modificar esse quadro, mas sabendo da herança genética podemos evitar os outros fatores de risco em nossa vida.

❧ **Alimentação**
A alimentação saudável é fundamental tanto na prevenção como no controle da doença. É importante evitar principalmente gorduras animais e frituras.

❧ **Sedentarismo**
A prática de atividades físicas será citada muitas vezes. Nesse caso em especial deve ter acompanhamento adequado, de acordo com a idade.

❧ **Estresse**
Uma das causas mais desastrosas em todas as idades e patologias.

- **Tabagismo**
  Causador de grande mal à saúde, na aterosclerose o monóxido de carbono provoca aderência do colesterol na parede vascular.

- **Diabetes e hipertensão arterial**
  São as doenças mais comuns e estão relacionadas à obesidade, estresse, ao tabagismo e também a fatores genéticos.

- **Obesidade**
  É importante manter o peso adequado à idade, altura e ao biótipo. Com isso é possível manter níveis adequados de colesterol e triglicérides, bem como equilibrar a pressão arterial.

Mal de Alzheimer

É uma patologia progressiva que evolui lentamente, afeta o cérebro e é mais comum entre os idosos. Apesar de haver tratamento, ainda não tem cura e avança gradativamente com a idade, interferindo no intelecto e no comportamento.

Seu diagnóstico é feito por meio de avaliação clínica, sendo os sinais de alerta mais comuns os seguintes:

- desorientação em relação ao tempo;
- perda da memória;
- problemas na linguagem;
- problemas para avaliar as situações.

Com a evolução do mal de Alzheimer, a pessoa não reconhece familiares e objetos ou qual a utilidade destes. Às vezes não identifica o próprio rosto no espelho. Essa evolução é lenta, e esses sintomas não aparecem na fase inicial da doença.

Pesquisadores no mundo inteiro estão trabalhando na busca de um medicamento que possa curar essa patologia.

IMPORTANTE

O melhor exercício mental é o trabalho, portanto mantenha o cérebro ativo. Uma pesquisa feita com pessoas de 80 anos mostrou que as que se mantiveram trabalhando, mesmo que uma hora por dia, tinham capacidade mental maior e viviam mais tempo do que as que se aposentaram aos 60 anos e não exerceram nenhuma atividade cerebral disciplinada. Por isso continue ativo, pense e transmita a sua opinião em relação ao ambiente em que vive, ao mundo. Evite qualquer tipo de dependência e só deixe a sua função por outra tão estimulante quanto a que exerce. Pense no cérebro como uma parte do seu corpo que precisa ser exercitada para se manter jovem, saudável e viva.

RELAÇÃO DA PRESSÃO ARTERIAL COM A PROBABILIDADE DE LONGEVIDADE	
Pressão arterial	**Longevidade**
Abaixo de 120/80 mm Hg	Excelente
Acima de 120/80 mm Hg, mas menor que 130/85 mm Hg	Média
Acima de 130/85 mm Hg, mas abaixo de 140/90 mm Hg	Abaixo da média
Acima de 140/90 mm Hg	Requer tratamento médico rigoroso

A boa notícia é que podemos controlar a pressão arterial com hábitos de vida saudáveis.

O passar dos anos pode significar muitas coisas: curtir mais a vida, enriquecer espiritualmente, amadurecer. O importante é viver de forma que se preserve a independência e a autonomia; é continuar frequentando a casa de amigos e se sociabilizando. Não há regras estabelecidas nem receitas prontas, mas certamente buscar qualidade de vida por meio de uma alimentação saudável e pela prática de exercícios físicos regulares permitirá a você envelhecer bem e com disposição.

Retarde o seu envelhecimento

Um dos grandes desafios do ser humano é manter-se jovem, saudável e ativo nos campos mental, físico e profissional. A medicina tenta explicar o processo de envelhecimento e estuda passo a passo as mudanças que ocorrem em nosso organismo. Esse conjunto de modificações começa com o nascimento e evolui de acordo com o tempo que vivemos e da maneira como vivemos: se temos uma alimentação adequada, qual a importância do sono em nossa vida, se praticamos atividades físicas e quais laços emocionais criamos. Tudo isso, além de fatores genéticos, vai determinar uma condição melhor do nosso corpo e do estado físico em sua totalidade.

As células do organismo humano sofrem, ao longo da vida, inúmeras agressões internas e externas. No entanto, possuem capacidade de adaptação e passam por alterações para tentar suportar essas agressões, mas em alguns casos podem ocorrer lesões na estrutura celular, as quais podem ser permanentes ou não. Se forem prolongadas e muito intensas, podem levar à morte celular.

Com os hábitos da vida moderna, a tecnologia, a competitividade, o estresse, a má alimentação, o uso de agrotóxicos e implementos agrícolas, a poluição e os medicamentos utilizados em larga escala, somos diariamente expostos a inúmeras agressões que podem causar lesão celular. As mais comuns são:

- desequilíbrio nutricional;
- excesso nutricional (obesidade);
- radicais livres;
- agentes químicos;
- bactérias, fungos, vírus;
- agressões físicas;
- falta de oxigenação celular;
- cigarro;

- bebidas alcoólicas;
- poluição em grandes centros;
- queimaduras;
- lesões articulares;
- traumas físicos;
- agentes venenosos;
- inseticidas;
- herbicidas;
- parasitas intestinais;
- resíduos industriais na natureza.

Aprenda a se manter jovem

Com o avanço da ciência, temos informações de que as alterações celulares possuem relação íntima com o processo de envelhecimento. São elas que, ao se modificar, causam gradativamente as mudanças que determinam o envelhecimento. Para nos mantermos jovens e saudáveis, precisamos conservar nossas células ativas e igualmente saudáveis.

O envelhecimento pode e deve ser atenuado pela conscientização da necessidade de diminuir os fatores de agressão das células e fortalecer as barreiras que impedem essas agressões.

O envelhecimento está relacionado aos seguintes aspectos:

- genética;
- alimentação;
- qualidade de vida;
- nível de estresse;
- prática de atividades físicas;
- sono saudável;
- características pessoais;
- patologias associadas.

As células que compõem nosso corpo estão em constante processo de replicação – na verdade, as células novas ficam no lugar das velhas. O organismo é formado por um conjunto de células que estarão sempre em processo de transformação, modificando também nosso corpo. Se nossas células-filhas forem de boa qualidade, teremos mais mudanças benéficas, o que é chamado de regeneração celular. Contudo, se essas células não possuírem boa qualidade, poderemos ter um processo de degeneração celular. A degeneração, como o próprio nome diz, causa doenças e envelhecimento.

Todos nós possuímos determinadas características genéticas que irão definir uma resistência orgânica maior ou menor. O indivíduo mais resistente possui maior capacidade regenerativa, suporta melhor as agressões e recupera-se com mais facilidade de um traumatismo, o que o torna menos sujeito ao envelhecimento precoce.

Já o indivíduo frágil é mais sensível às inúmeras agressões e evolui lentamente na sua recuperação.

O QUE SÃO RADICAIS LIVRES?

São moléculas que possuem um elétron ímpar em sua órbita externa, favorecendo assim a ligação com outras moléculas, o que os torna extremamente reativos, mesmo com moléculas orgânicas. Também são conhecidos como oxidantes, pelo efeito lesivo da oxidação que causam nos tecidos, envelhecendo-os. Por isso, as vitaminas e minerais que combatem os radicais livres são chamadas antioxidantes. Essas substâncias ligam-se quimicamente aos radicais livres, neutralizando sua ação no organismo.

Os radicais agridem o material genético humano, modificando o DNA, que se encontra no núcleo das células e traz as informações necessárias para o seu funcionamento. Sempre que houver divisão celular, o DNA será copiado para a nova célula. Nesse momento o radical livre age, causando danos no DNA da nova célula e podendo provocar uma alteração na multiplicação, típica de tumorações, ou, ainda, acelerar o processo de envelhecimento.

Evite:

- tabagismo;
- excesso do consumo de gorduras;
- radiações ionizantes e solares;
- poluição;
- medicamentos desnecessários;
- estresse.

Observação: Mais de 200 tipos de doença estão associados à oxidação das células.

Como prevenir

A melhor maneira de prevenir o desgaste causado pelos radicais livres é ter uma alimentação saudável, rica em vitaminas e minerais, adquirir bons hábitos, como a prática de esportes, optar por um sono saudável e eliminar vícios como o cigarro e o excesso de álcool.

Além disso, existem substâncias que ajudam no combate aos radicais livres:

- O consumo de vitaminas C e E e de alimentos ricos em betacaroteno.

 A vitamina C estabiliza os radicais livres, anulando sua capacidade de agressão às células, o que impede danos ao organismo.
 A vitamina E age diretamente nas membranas das células, evitando a reação em cadeia da oxidação das gorduras solúveis.
 O betacaroteno é um precursor da vitamina A e atua inibindo alguns radicais livres.

- Os minerais como zinco, cobre e selênio também agem como antioxidantes no organismo.

❧ Os bioflavanoides, como o *ginkgo biloba* e a rutina, são substâncias vegetais que agem no equilíbrio do ferro no organismo, impedindo a formação dos radicais.

❧ Atualmente algumas enzimas que atuam no combate aos radicais livres já estão sendo produzidas em laboratório, como a glutationa, que possui as mesmas características do superóxido dismutase, enzima que está sendo utilizada como teste em pacientes no tratamento da AIDS.

Com o tempo, mesmo em condições normais, sem interferência de nenhum fator prejudicial, diversas funções celulares vão decaindo. O mecanismo que determina o envelhecimento celular natural é acionado pelo relógio biológico, o cronômetro que estabelece o envelhecimento.

EVITE O ESTRESSE

Nos dias de hoje é impossível viver longe de situações que geram o estresse, mas devemos encontrar maneiras de conviver com isso sem causar danos ao nosso organismo. Com o passar dos anos, vamos aprendendo que determinados acontecimentos não valem a pena ser levados tão a sério e que podemos encontrar formas de obter melhores resultados sem alterar nossas emoções.

Com o tempo ficamos especialistas em administrar o estresse e isso é altamente positivo, pois quando ficamos estressados liberamos o cortisol, hormônio responsável pelo envelhecimento. Em resumo, o estresse envelhece, e a forma como você reage a ele pode fazer toda a diferença quando o objetivo é a melhora de sua qualidade de vida.

O que o estresse causa em nosso corpo:

❧ elevação da pressão arterial;
❧ tonturas;
❧ falta de ar;

❧ desmaios;
❧ incapacidade de relaxar;
❧ choro e riso nervoso;
❧ agressividade;
❧ depressão;
❧ ataques de pânico;
❧ úlceras no estômago;
❧ aumento do colesterol;
❧ erupções cutâneas;
❧ dor e tensão na musculatura;
❧ micção e defecação frequente.

O que fazer:

❧ sorria para aliviar o estresse;
❧ medite;
❧ pratique ioga;
❧ faça uma massagem relaxante;
❧ entre em contato com a natureza;
❧ pratique esporte;
❧ apaixone-se.

Alimentação: a base de tudo

Eu tenho o hábito de observar o que e a forma como as pessoas comem: rápida ou lentamente, se gesticulam enquanto mastigam etc. Sempre fui muito curiosa e fico tentando imaginar essa pessoa no dia a dia. Observo sua maneira de falar, suas expressões, se aparenta boa saúde física e, claro, tenho que confessar, se está acima do peso. À medida que fui aprimorando meus conhecimentos, estudei muito sobre assuntos como alimentação e saúde. E na faculdade de medicina pude ter a certeza de como a alimentação age em nosso organismo, tornando-nos pessoas mais saudáveis, jovens e felizes. Foi quando passei a estudar profundamente os efeitos da má alimentação nas pessoas e constatar como ela influencia o comportamento e a vida de modo geral.

Por isso sempre estou atenta ao modo como as pessoas se portam à mesa. Meus pacientes sabem muito bem como insisto nesse assunto.

É muito saudável reservar um horário para a alimentação. Não precisa ser muito tempo, desde que seja um momento em que você possa estar ali, isto é, um momento de paz e serenidade. Principalmente nas grandes metrópoles sentimos toda nossa energia consumida, e por essa razão acho importante respeitar a hora da refeição como um momento sagrado. Se possível, bloqueie sua mente para outras questões e se concentre em degustar e mastigar inúmeras vezes o alimento, pois o ideal é que ele chegue ao seu estômago completamente triturado. Isso fará muito bem à sua dentição, à sua digestão e a todo o bom funcionamento do organismo.

Uma escolha sábia é optar sempre por alimentos saudáveis, sem agrotóxicos, e se possível frescos. Infelizmente a alimentação orgânica ainda é mais cara, talvez por ser produzida em pequena escala. Mas atualmente, em grandes cidades, algumas empresas entregam os produtos orgânicos em casa, com preços bastante competitivos.

Enfim, a alimentação equilibrada e correta faz verdadeiros milagres para a saúde e retarda o envelhecimento. Conheça a seguir um pouco mais sobre esses benefícios e tire proveito deles. Com certeza sua vida vai melhorar em todos os sentidos.

ÁGUA: A FONTE DA SAÚDE

A água é de extrema importância para o organismo, pois nosso corpo é constituído de 75% dela. E não podemos falar de alimentação saudável sem citá-la.

A água contribui para a eliminação de impurezas da linfa, melhora o funcionamento intestinal e renal e transporta nutrientes para todos os tecidos. A necessidade estimada é de 30 ml/kg de peso, ou seja, um indivíduo de 60 quilos necessita por dia de aproximadamente 1.800 ml de água, o equivalente a nove copos de 200 ml.

Não se deve confundir a água pura e mineral com os líquidos em geral, como os sucos, os refrigerantes e os chás. Quando indico a ingestão de água aos pacientes, alguns relatam a falta de vontade em ingeri-la. Mas sempre cito a importância desse líquido milagroso.

Nos idosos, por exemplo, é muito comum quadros de desidratação. Como não sentem sede, deixam de ingerir líquidos, essenciais em todas as fases da vida. Isso porque existe um transmissor em nosso cérebro que, com o passar dos anos e o envelhecimento do organismo, para de mandar mensagens indicando que o corpo necessita de água. Uma boa dica para "lembrar" de tomar água é ter sempre à mão uma jarra ou garrafa.

ALIMENTAÇÃO ORGÂNICA

Os cuidados com a escolha, a qualidade e o preparo dos alimentos são essenciais para uma alimentação eficiente.

Um assunto muito em pauta ultimamente é a alimentação orgânica. Os alimentos orgânicos são aqueles cultivados sem a utilização de agrotóxicos. A adubação química utilizada na agricultura convencional altera negativamente o valor nutricional dos alimentos vegetais. Quanto maior a adubação nitrogenada, menor será o valor nutricional do alimento.

De acordo com a Organização Mundial de Saúde (1990), os agrotóxicos causam 700 mil dermatoses, 37 mil casos de câncer e 25 mil casos de sequelas neurológicas a cada ano, além de alterações embrionárias. No mundo há 600 produtos químicos considerados agrotóxicos e, destes, 200 deixam resíduos em alimentos. Os grupos químicos que causam mais intoxicações são os organofosforados, carbamatos, piretroides e derivados de glicina. Alguns agrotóxicos se alojam na casca, enquanto outros são chamados de sistêmicos, uma vez que entram na seiva da planta e se alojam na polpa ou nos vasos lenhosos.

Caso não seja possível a compra dos alimentos orgânicos, escolha frutas, verduras e legumes de tamanho menor, pois o teor de agrotóxicos também será reduzido. Durante a escolha, fique atento especialmente aos seguintes legumes e frutas: tomate, morango, uva, papaia e batatas.

DICA

Para remover aproximadamente 80% dos agrotóxicos que se alojam na casca dos vegetais, faça uma solução de bicarbonato de sódio (1 colher de sopa) e água (1 litro). Deixe-os de molho na solução por até 30 minutos e posteriormente lave-os em água corrente. Os agrotóxicos não resistem ao pH do bicarbonato de sódio. Infelizmente, a mesma prevenção não pode ser feita com os agrotóxicos sistêmicos.

DICAS SAUDÁVEIS PARA O PREPARO DOS ALIMENTOS

Na hora de ir para a cozinha, seja você ou outra pessoa a responsável por isso, de nada adianta uma alimentação saudável e variada se o modo de preparo estiver equivocado. Algumas medidas são essenciais para que você possa usufruir desses benefícios:

- Nos refogados, substitua o óleo pela água, pois além de reduzir o valor calórico evitamos a saturação da gordura, prejudicial à saúde do coração. Deixe para adicionar um fio de azeite ao final do preparo.

- Substitua a maionese como ingrediente para dar liga no preparo dos pratos por iogurte desnatado e temperado.

- Nas receitas em que se utilizam ovos, como omeletes, fritadas e bolos, trabalhe com a seguinte substituição: para cada três ovos inteiros, substitua por uma gema e três claras. Assim, a receita, além de proteica, terá menos colesterol.

- Para pincelar massas, substitua a gema por café.

- Ao montar barquinhas recheadas, utilize folhas cruas de endívias, repolho e acelga em substituição às barquinhas tradicionais.

- Para gratinar um prato, faça uma mistura com 50% de parmesão light e 50% de farelo de aveia.

- Unte a forma de bolos e tortas com gérmen ou fibra de trigo, ou ainda gergelim, pois, além de decorar, o prato ficará muito nutritivo.

- Substitua a carne moída pela proteína de soja texturizada em refogados, recheios, bolinhos e almôndegas.

- Utilize sal com moderação. Para isso, realce o sabor dos pratos com ervas frescas como manjericão, tomilho, orégano, alecrim e cheiro-verde.

- Substitua refrigerantes pela mistura de 50% de água gaseificada com 50% de chá de maçã ou chá de capim-cidreira. Sirva com cubos de gelo.

- Evite panelas de alumínio, pois seu resíduo é acumulativo no organismo. Dê preferência para as panelas de ferro, barro, ágata, vidro ou a vapor.

- Enriqueça o preparo de pães, bolos e biscoitos utilizando na receita uma mistura de 50% de farinha integral e 50% de farinha de trigo branca.

- Reutilize folhas e talos de vegetais comumente desperdiçados em sopas, caldos e bolinhos.

AS FONTES DE VITAMINAS E SAIS MINERAIS

As vitaminas são substâncias encontradas nos alimentos, indispensáveis ao bom funcionamento do organismo. Quando ocorre sua falta na alimentação, o corpo sofre as consequências, levando a quadros de desnutrição, anemias e outras doenças relacionadas. É impossível falar sobre nutrição sem explicar o que cada vitamina representa e como age a nosso favor. Infelizmente as quantidades dessas substâncias são comumente perdidas nos processos de preparo dos alimentos, e em alguns casos recomenda-se a ingestão de complexos vitamínicos.

VITAMINAS		
Vitamina	**Ação**	**Fonte**
A	Contribui para as reações imunológicas e garante a saúde dos olhos, da pele, das mucosas, dos ossos, dos dentes, das células nervosas e sanguíneas, da tireoide e das glândulas adrenais.	Couve, cenoura, brócolis, manga, abacate, acelga, melão, espinafre e pêssego.
B1	É responsável por transformar os alimentos em glicose, gerando assim energia para o corpo. Regula também a eliminação de substâncias que não são úteis ao organismo, estimula o apetite e regula o sistema nervoso.	Ervilha, arroz e trigo integrais, semente de gergelim, espinafre e grão-de-bico, amêndoa e aveia.
B2	Responsável pela alimentação das células nervosas e cerebrais. Os alimentos que contêm essa vitamina auxiliam na produção de glóbulos vermelhos e garantem também a saúde da pele e dos olhos.	Namorado, espinafre, fígado de galinha, castanhas, brócolis, feijão-branco.
B3	Esta vitamina é vasodilatadora e ajuda a controlar a taxa de colesterol no sangue, além de proteger a pele, o processo digestivo, o fígado e os tecidos.	Bacalhau, atum fresco, arroz e trigo integrais e peito de galinha.
B5	Age sobre os tecidos da pele e sobre as células nervosas. Também é importante para o sistema imunológico, auxiliando o corpo contra o estresse.	Galinha, lentilha, brócolis, trigo integral, carne escura de peru, morango, ervilha fresca com vagem, pimentão e levedo de cerveja.
B6	É fundamental na produção de colágeno, substância que mantém aderidas não só as células dos tecidos, mas também os ósseos e as proteínas. Age também sobre as células nervosas.	Coco seco, gergelim, banana, atum fresco, vinho tinto, batata com casca, espinafre, arroz integral e gérmen de trigo.
B12	Importante para o funcionamento do sistema nervoso e para a estrutura óssea. Combate os vários tipos de anemia e favorece a absorção de proteínas e aminoácidos.	Namorado, atum fresco e linguado vermelho, leite, hortaliças de cor verde, batatas e amêndoas.
C	Além de contribuir para a formação do colágeno e para o bom funcionamento dos vasos sanguíneos, favorece também a produção de hormônios.	Repolho, laranja, carambola, poncã, espinafre, manga, morango, couve-de-bruxelas, kiwi, acerola, caju, abacaxi, alho, limão e espinafre.

Vitamina	Ação	Fonte
D	É essencial para o crescimento e solidez dos ossos. Equilibra a absorção do cálcio e fósforo contidos nos alimentos. A carência desta vitamina favorece o surgimento de cáries dentárias e osteoporose.	Fígado de galinha, arenque, salmão e sardinha em lata, leite e derivados, gema de ovo.
E	Ajuda na formação de todos os tecidos e do sangue. Responsável pelo fortalecimento do sistema muscular e reprodutor.	Azeite de oliva, espinafre, farinha de trigo e arroz integrais, ervilha com vagem, couve, soja e banana.
K	Importante para o funcionamento das proteínas que auxiliam na coagulação do sangue.	Aveia, espinafre, brócolis, tomate, couve-flor, morango, repolho, algas marinhas, iogurte natural e cebola.
Biotina (ex-vitamina H)	Apesar de ainda ser um pouco desconhecida sua contribuição, sabe-se que está relacionada à tireoide e auxilia os aparelhos nervoso e reprodutor. Além disso, é importante para a pele.	Cereais (exceto trigo), farinha de soja, fígado de boi e de galinha, leite e aveia.

MINERAIS		
Mineral	**Ação**	**Fonte**
Sódio	É o regulador de líquidos. Juntamente com o potássio produz os nutrientes para as células e age na geração de impulsos nervosos e no metabolismo de carboidratos e proteínas. Além disso, atua na eliminação de resíduos.	Espinafre, molho de soja, iogurte, bacalhau, linguado e azeitonas verde e preta.
Potássio	Apresenta as mesmas funções do sódio.	Grão-de-bico, batata, brócolis, tomate, feijão-branco, laranja, cenoura, espinafre e melão.
Cálcio	Auxilia na formação da estrutura óssea e contribui na absorção pelo organismo da vitamina K.	Tofu, leite integral, gergelim integral, vegetais verde-escuros, queijo Minas fresco, iogurte, queijo prato e ervilha com vagem. Invista também no consumo de frutas ácidas com leite e derivados, pois aumenta a absorção do cálcio. Por exemplo: salada de frutas com kiwi, laranja, goiaba e iogurte.

Mineral	Ação	Fonte
Iodo	A carência leva à diminuição da função da glândula tireoide, reduzindo a produção dos hormônios T3 e T4, o que resulta em retardo físico e mental. Sua recomendação nutricional é de 25 mg/dia.	Sal moído (consuma moderadamente), peixes e frutos do mar.
Fósforo	Juntamente com o cálcio auxilia nas estruturas ósseas, além de estar presente em todas as células do organismo. A combinação adequada entre cálcio e fósforo evita as cãibras. Recomenda-se o consumo nutricional de 400 mg/dia.	Arroz integral, grão-de-bico, gérmen de trigo, castanha-do-pará, castanha-de-caju, farelo de aveia, soja e derivados, gergelim, semente de girassol, ovos, carnes, aves, peixes, hadoque, linguado, farinha de trigo integral, lentilha, painço, bacalhau e feijão-branco.
Magnésio	Importantíssimo, pois auxilia no aproveitamento das vitaminas B1, B2, B6, C e E. Contribui também, juntamente com o fósforo, para solidificar o cálcio nos ossos e nos dentes.	Grão-de-bico, fubá de milho integral, bacalhau, espinafre cozido, tofu, farinha de centeio e de trigo integral, arroz integral, feijão-branco e linguado.
Selênio	Responsável pela produção de anticorpos e pela manutenção da pele, dos cabelos e das unhas.	Arroz integral, bacalhau, castanha-do-pará e peixes como vermelho (pargo), hadoque, atum fresco e linguado.
Zinco	Atua na produção de insulina, nas reações imunológicas, no crescimento e na restauração dos tecidos. Seu consumo é fundamental, pois contribui no desenvolvimento do paladar e do olfato. Recomenda-se ingerir 3 mg/dia.	Cereais, nozes, farinha de centeio e de trigo integral, sementes de gergelim, bife de fígado, lentilha e grão-de-bico.
Cobre	Participa do transporte e da absorção de ferro e age na formação de glóbulos vermelhos. Contribui também na formação dos ossos.	Coco fresco ralado, bife de fígado, castanha-do-pará, grão-de-bico, farinha de trigo integral, semente de gergelim, espinafre e amendoim torrado.
Ferro	Sinônimo de hemoglobina, proteína que compõe os glóbulos vermelhos do sangue. Auxilia em todas as células, favorecendo o crescimento e a vitalidade.	Brócolis, espinafre, hadoque, couve-de-bruxelas, ervilha, ameixa, aveia (flocos), cereais integrais, carnes, miúdos, acelga, tofu, lentilha, levedo de cerveja, fígado de galinha, feijões mulatinho, roxinho e branco, açúcar mascavo, ameixa seca, damasco seco, beterraba, açaí, aveia.

A IMPORTÂNCIA DA SOJA NA SAÚDE DA MULHER

Escolhi dar ênfase ao papel da soja na alimentação por ser um alimento ainda pouco consumido e desconhecido por grande parte das pessoas.

A soja é um grão amarelado, aparentemente sem sabor, mas sabendo utilizá-la obtêm-se pratos deliciosos, principalmente da culinária japonesa e chinesa. Ela tem feito parte da dieta asiática por quase cinco mil anos, enquanto seu consumo nos Estados Unidos e na Europa teve início apenas no século XX.

É um alimento pertencente à família das leguminosas, e apenas 1% a 2% da produção brasileira é destinada ao consumo humano, o restante sendo convertido em ração animal.

A soja pode ser consumida nas seguintes formas: em grão, descascada e partida, extrato, farinha, gérmen, biscoitos, salgadinhos fritos e torrados, proteína texturizada em pedaços e granulada, sucos, proteína isolada, fórmulas infantis, óleo, shoyu, missô, lecitina.

Ao cozinhar os grãos, deixe-os de molho por pelo menos três horas antes do cozimento e depois ferva-os em água por volta de duas horas ou até amolecerem.

Benefícios da soja

As propriedades terapêuticas da soja são inúmeras. Para citar um exemplo, o FDA (Food and Drug Administration), órgão norte-americano responsável pelo controle de alimentos e medicamentos, estabeleceu em 1999 que a ingestão de 25 g de proteína de soja por dia, seguida de uma dieta pobre em gorduras saturadas e colesterol, reduz o colesterol plasmático. A seguir, alguns dos seus benefícios:

Alivia os sintomas da menopausa

As isoflavonas contidas na soja são fitoestrógenos estruturalmente semelhantes ao estradiol feminino e têm o efeito do estrogênio. Na menopausa, o sítio ativo que era ocupado pelo estrogênio passa a ficar vazio, então a substância extraída da soja consegue ocupar esse espaço, pois possui configuração idêntica, o que contribui para o alívio dos sintomas.

O ideal é iniciar o consumo a partir dos 40 anos, para condicionar o organismo desde o período de climatério. A absorção e os efeitos serão ainda melhores se a pessoa possuir uma flora intestinal sadia.

Para se ter uma ideia da importância do consumo de soja, em um estudo realizado com 145 mulheres na pós-menopausa foi dado a elas 60 mg de isoflavonoides diariamente, o equivalente a 80 g de soja por dia, em diferentes refeições, pelo período de 12 semanas. Houve a redução dos sintomas da menopausa em 50%, dos fogachos em 54% e da secura vaginal em 60%.

Age contra a hipertensão arterial

A soja contribui também para o aumento do calibre dos vasos sanguíneos, pois contém em grande quantidade um aminoácido chamado arginina. Além disso, possui naturalmente baixo teor de sódio.

Evita a osteoporose

Todo alimento de origem proteica possui ação espoliante de cálcio dos ossos, porém a carne vermelha rouba três vezes mais cálcio dos ossos se comparada com a proteína vegetal da soja.

Auxilia no sistema imunológico

A soja possui antioxidantes que atuam no sistema imunológico, aumentando a atividade dos linfócitos e monócitos, responsáveis pela prevenção de gripes, resfriados, candidíase e outras infecções.

PREVINE CONTRA DOENÇAS		
Prevenção	Recomendação	Medida caseira para soja em grão
Probiótico para o intestino e o sistema imunológico	acima de 20 g/dia	1 colher (sopa)
Osteoporose	40 a 50 mg/dia	2 colheres (sopa)
Colesterol	25 g/dia	3-4 colheres (sopa)
Uso preventivo, em indivíduos saudáveis	20 mg/dia	1-2 colheres (sopa)

A INFLUÊNCIA DA ALIMENTAÇÃO NO ESTRESSE

Existe uma relação entre a produção do hormônio glicocorticoide e a proteína. Esse hormônio transforma os aminoácidos da proteína em ureia no fígado, portanto o glicocorticoide, também conhecido como o hormônio do estresse, eleva-se em dietas hiperproteicas, além de sobrecarregar a função renal e hepática.

Sempre que possível, evite alimentos que contribuam para o estresse, especialmente açúcar e álcool, que estão entre as principais substâncias causadoras desse mal e que, em algumas pessoas, pode causar dependência.

O quadro abaixo indica alguns substitutos que sugerem menor risco ao estresse.

ALIMENTO DE ALTO ESTRESSE	ALIMENTOS SUBSTITUTOS
Farinha branca	Farinha de trigo integral
Chocolate	Barra de cereal
Café	Café descafeinado
Cerveja	Cerveja light
Leite de vaca	Leite de soja ou amêndoa
Açúcar	Chá com mel, sucralose

De olho nas gorduras

As gorduras são importantes na dieta para a formação de calor, a sustentação dos órgãos, o funcionamento do cérebro e a composição dos hormônios. São condutores de vitaminas lipossolúveis (A, D, E, K), aumentam a sensação de saciedade e realçam o sabor dos alimentos.

As gorduras de origem animal encontradas na carne, nos ovos, na manteiga, e no toucinho são constituídas basicamente de ácidos graxos saturados, enquanto os óleos de origem vegetal são constituídos de ácidos graxos poli-insaturados como soja, milho e canola.

Caso o consumo de ácidos graxos não seja suficiente, o organismo irá sintetizá-lo a partir de proteínas e carboidratos, em decorrência de sua grande necessidade.

Para melhor absorção de cálcio no organismo, 50% da gordura da dieta deveria vir dos ácidos graxos saturados. Muitas mulheres com osteoporose são orientadas a consumir leite desnatado, pobres em ácidos graxos saturados, o que agrava a situação.

Os ácidos graxos saturados aumentam a produção de prostaglandinas, facilitando a conversão de ácidos graxos essenciais, que por sua vez têm ação antimicrobiana no trato digestivo e protegem o fígado contra o álcool. Trabalhos científicos vêm demonstrando que a obstrução das artérias é de responsabilidade muito maior das gorduras de origem vegetal – que passam por processos térmicos –, ou mesmo de gordura hidrogenada, do que daquelas de origem animal.

Os óleos de extração comercial apresentam desequilíbrio entre ômega-6 e ômega-3, interferindo na produção de prostaglandinas, o que gera tendência à formação de coágulos, inflamações, pressão alta, irritação do trato digestivo, depressão do sistema imunológico e ganho de peso; portanto, dê preferência aos óleos extraídos a frio.

ALIMENTAÇÃO E BELEZA

Você pode tirar dos alimentos substâncias essenciais para manter-se bonita, jovem e saudável. Alguns hábitos alimentares fazem a diferença, como a ingestão de antioxidantes naturais que retardam o envelhecimento. Portanto, lance mão de alguns alimentos indispensáveis para a sua beleza.

Antioxidantes para a pele

❧ **Soja:** na pele há receptores naturais para receber o fitormônio da soja, as isoflavonas, que melhoram o ressecamento e a falta de elasticidade, que se intensificam a partir do período de climatério.

❧ **Chá verde:** conhecido cientificamente como *Camellia sinensis*, possui ação antioxidante contra a poluição e os raios ultravioleta. O consumo diário de chá verde, assim como o uso de filtro solar, tem efeitos preventivos contra o câncer de pele. Ingira de três a quatro xícaras (chá) por dia, sem açúcar, porque ao ser adoçado perde seus efeitos. O chá verde apresenta ainda flavonoides e polifenóis, que auxiliam na perda de peso.

❧ **Gérmen de trigo cru:** rico em vitamina E, é um potente antioxidante. Consuma uma colher (sopa) por dia, adicionando ao iogurte, às frutas, ao caldo do feijão, às sopas etc.

❧ **Castanha-do-pará:** rica em selênio, possui forte ação contra os radicais livres. Consuma de duas a três unidades por dia, como se fosse a cápsula de juventude diária.

Evite a retenção hídrica

Saiba que a retenção de líquidos ocasiona vários problemas, como celulite e inchaços em várias partes do corpo.

Por isso, prefira o sal marinho moído em substituição ao convencional, porque possui o equilíbrio ideal entre sais minerais e cloreto de sódio. Invista no consumo de alimentos que contêm potássio, como acelga, espinafre, brócolis, couve, aipo, folhas de nabo, melancia, pepino, uva, alface, salsa, pois possuem efeito diurético.

Abuse de alimentos que são fonte de vitamina B6, que aumenta a capacidade dos rins de excretar o sódio.

Estimule a formação do colágeno

O colágeno é a proteína responsável pela sustentação da pele, porém não adianta sair comendo gelatina a torto e a direito pelo fato de esta ser fonte de colágeno. Deve-se investir principalmente no consumo de vitamina C, que, por sua vez, estimula a produção do colágeno.

Não se prenda à laranja como única fonte de vitamina C, pois ela é bastante calórica. Prefira acerola, goiaba, carambola e frutas vermelhas como morango, amora e framboesa. Consuma também pimentão de várias cores, salsinha etc. Dê preferência a frutas e vegetais frescos e, se for ingerir o suco, tome-o quanto antes, para que ele não venha a oxidar e perder a vitamina C em razão da presença de luz e oxigênio.

VEGETARIANISMO

Existem teorias científicas que demonstram que nossos ancestrais eram vegetarianos. De acordo com Charles Darwin, criador da teoria da evolução das espécies, os primeiros humanoides eram comedores de frutas, nozes e legumes. Foi apenas na última era glacial que essa dieta se tornou inacessível e fez com que os hábitos alimentares mudassem, permanecendo até os dias atuais, seja por necessidade, hábito ou condicionamento. Quando falamos sobre vegetarianismo, devemos lembrar que existem diferentes correntes. Veja algumas delas:

∞ **Vegetarianismo: o** adepto desta corrente evita qualquer tipo de alimento de origem animal, incluindo mel, ovos, leite e derivados, gelatinas, corantes etc.

∞ **Veganismo:** além de evitar o consumo de qualquer alimento de origem animal, não faz uso de produtos derivados, como bolsas, sapatos, cintos, carteiras, casacos etc., nem de produtos testados em animais (cosméticos, por exemplo).

∞ **Ovolactovegetarianismo:** exclui todo tipo de carne, porém admite o consumo de leite, derivados e ovos.

∞ **Lacto vegetarianismo:** exclui todo tipo de carne e os ovos.

∞ **Pescarianos:** admite consumo de peixes.

∞ **Frugivorismo:** restringe-se ao consumo de frutas cruas ou cozidas. Há uma vertente que ainda considera o consumo de cereais.

∞ **Cerealismo:** consome cereais crus ou cozidos, incluindo ou não sal.

∞ **Crudivorismo:** admite somente o consumo de alimentos de origem vegetal crus.

Diversas questões podem levar as pessoas ao vegetarianismo, seja por ideais políticos, ambientais, filosóficos ou religiosos.

A questão do ferro na dieta vegetariana

Quando se trata de alimentação vegetariana, uma questão bastante polêmica é a que diz respeito ao ferro, pois a quantidade ingerida pode ser insuficiente para o funcionamento ideal do organismo.

O ferro obtido da alimentação pode ser classificado em:

🦢 Ferro heme, ou seja, de origem animal. A absorção pelo organismo fica em torno de 20% a 30%.

🦢 O ferro não heme é de origem vegetal, e sua absorção fica em torno de 5 a 10%.

Ferro *x* vitamina C

Uma dica muito válida é consumir, com os alimentos que são fontes de ferro, aqueles que contêm vitamina C, já que esta potencializa a absorção do ferro.

Exemplos:

🦢 salada de soja + suco de laranja;
🦢 lentilha + suco de morango;
🦢 salada de agrião com molho de limão.

Veja no quadro da página 36 outras fontes de vitamina C.

Evite o consumo de chá preto com as refeições, pois ele é rico em tanino e reduz a absorção do ferro. Porém, quando consumido com leite ou limão, a potencialidade do tanino é reduzida.

Vale também observar que o espinafre e a couve são ótimas fontes de ferro, mas contêm altos teores de ácido oxálico, que está relacionado à redução da absorção do cálcio e ao aumento da produção de pedras nos rins e na bexiga.

CURIOSIDADES

🦢 A genética proporcionou à raça negra uma absorção duas vezes maior de ferro se comparada à raça branca.

🦢 Praticantes de atividades físicas intensas e mulheres que menstruam abundantemente merecem maiores cuidados com relação à perda de ferro.

A questão do cálcio na dieta vegetariana

O cálcio é outro nutriente que merece considerações na dieta dos vegetarianos e veganos.

Evite o consumo de cafeína, pois aumenta a perda de cálcio, assim como alguns medicamentos: diuréticos, esteroides, antibióticos e antiácidos. É importante lembrar também a importância do sol e da atividade física de médio impacto para a manutenção dos ossos.

Algumas fontes de cálcio: soja e derivados, gergelim, vegetais verde-escuros como brócolis, mostarda, couve e agrião.

A falta da vitamina B12

A vitamina B12 (cianocobalamina) é encontrada nos alimentos de origem animal, por isso sua deficiência pode ocorrer em vegetarianos e veganos após cinco anos sem o consumo desse tipo de alimentos. A suplementação pode se dar através de alimentos fortificados ou complementos alimentares.

Alimentos de origem vegetal que contêm vitamina B12: clorela e espirulina (dois tipos de alga), levedo de cerveja ou suplementação (muitas são veganas).

Os vegetarianos devem evitar o consumo de sal, açúcar e cereais refinados, além de álcool, café, chá preto, pois podem contribuir para a espoliação do cálcio e do ferro do organismo.

CURIOSIDADE

Os alimentos germinados são bastante indicados como suplementação, pois possuem o dobro do teor de vitaminas. Alguns deles: broto de feijão, alfafa, lentilha, ervilha, gergelim e sementes de girassol.

CARDÁPIO SEMANAL SAUDÁVEL			
	Segunda	**Terça**	**Quarta**
Café da manhã	1 fatia pão integral 1 fatia queijo branco light ½ mamão papaia 1 col. (sopa) cereal 1 xíc. chá erva-doce	1 un. iogurte desnatado 2 col. (sopa) cereal 1 fatia melão	1 copo leite desnatado com aveia e morango 2 un. bolacha gergelim 1 col. (café) margarina light
Colação	4 un. damasco seco 1 un. castanha--do-pará	1 xíc. chá erva-cidreira	1 copo água de coco 4 un. amêndoas
Almoço	1 pires salada chuchu 1 pires couve refogada 3 col. (sopa) arroz 1 concha peq. feijão 2 fatias lombo magro assado 1 un. laranja	2 un. bolacha integral 1 pires rúcula com tomate 4 col. (sopa) risoto de champignon 2 fatias peito peru com molho de laranja 3 col. (sopa) salada de grão-de-bico 1 un. tangerina	1 escumadeira penne ao sugo 2 fatias lagarto com molho 1 pires ervilha torta 1 pires salada alface com rabanete 1 un. kiwi
Lanche	1 copo leite desnatado com 1 col. (sopa) aveia/linhaça e goiaba	1 fatia pão integral light 1 col. (sopa) requeijão light 1 copo suco melancia	1 xíc. chá verde 2 un. torrada integral 1 col. (sopa) queijo cottage
Jantar	3 col. (sopa) milho 6 un. kani kama cenoura ralada 1 pires alface americana 1 porção salada de frutas	3 col. (sopa) purê mandioquinha 1 porção camarão com molho 1 porção vagem sauteé salada agrião ½ un. manga	1 un. panqueca frango 1 pires beterraba cozida 1 prato salada repolho com tomate cereja 1 fatia melancia
Ceia	1 copo suco Ades maçã	1 xíc. chá verde 3 un. biscuit	1 copo leite desnatado batido com maracujá

	Quinta	Sexta	Sábado
Café da manhã	1 copo suco abacaxi com hortelã 2 un. torrada integral 1 col. (sopa) patê de ricota	2 fatias pão aveia light 2 fatias peito peru light 1 col. (sopa) requeijão light ½ un. pera	1 un. pão francês sem miolo 1 xíc. café com leite desnatado 1 col. chá margarina light ¼ un. manga
Colação	1 iogurte light	1 barra de cereal light	6 un. morangos
Almoço	1 filé pescada grelhada espinafre refogado com alho e sal 1 col. (sopa) arroz 1 fatia melão	*penne* com molho de atum salada alface americana com cenoura ralada 1 fatia melancia	1 porção filé 1 col. (sopa) purê de batata salada rúcula, alface e rabanete 1 fatia mamão
Lanche	2 rodelas abacaxi com raspas de limão	1 un. kiwi 1 copo suco acerola	1 fatia pão integral com queijo branco 1 copo suco laranja
Jantar	1 filé salmão brócolis refogado 1 col. (sopa) arroz 1 fatia melancia	1 filé picanha sem a gordura salada alface americana com cenoura ralada, rabanete e rúcula 1 gelatina light com morangos	3 col. (sopa) purê de maçã 2 fatias lombinho de porco 3 un. batatas cozidas e gratinadas frutas cortadas (melão, abacaxi, mamão e kiwi)
Ceia	1 un. iogurte light	1 copo leite desnatado	1 xíc. chá verde

SUGESTÃO DE ALIMENTAÇÃO PARA AUMENTO DA MASSA MUSCULAR

	Segunda	Terça	Quarta
Café da manhã	2 fatias pão centeio 2 fatias peito peru light ½ mamão papaia 1 col. (sopa) cream cheese light 1 xíc. chá maçã com canela	1 xíc. leite semidesnatado ½ pão francês 2 col. (sopa) farelo de trigo 1 un. banana-prata 1 col. (café) mel	2 fatias pão aveia light 1 col. (café) margarina light 2 fatias queijo branco 1 xíc. chá camomila 1 un. goiaba
Colação	1 un. iogurte light 2 col. (sopa) cereal integral	1 un. barra de cereal light 1 un. Yakult	3 un. bolacha integral 4 un. ameixa seca
Almoço	1 prato alface americana 2 un. ovo de codorna 4 col. (sopa) arroz 1 concha peq. feijão 4 col. (sopa) iscas de frango com pimentão e champignon 1 fatia melancia	1 prato rúcula com tomate 2 escumadeiras macarrão com brócolis 2 porções medalhão filé mignon 3 col. (sopa) cenoura ralada 10 un. morangos	1 prato escarola com rabanete 1 porção badejo assado com tomate, pimentão e coentro 4 col. (sopa) arroz branco 3 col. (sopa) salada feijão-branco 1 un. laranja-lima
Lanche	3 un. torrada integral 1 col. (sopa) patê ricota 1 copo suco Ades	1 un. iogurte com mel 1 porção salada frutas 1 col. (sopa) cereal integral	1 un. iogurte desnatado 2 col. (sopa) cereal integral 1 col. (sopa) uva-passa com nozes picadas
Jantar	1 prato sopa de abóbora 3 col. (sopa) croutons 1 pires brócolis 1 porção média filé frango grelhado 1 un. tangerina	1 prato salada erva-doce com rabanete e agrião ovo mexido com ricota, tomate e orégano 1 pires espinafre refogado 3 col. (sopa) milho	3 col. (sopa) arroz branco 1 un. abobrinha recheada com carne moída 1 prato repolho branco/roxo 2 un. kani kama 12 bagos uva
Ceia	1 copo leite desnatado batido com 2 col. (sopa) abacate	1 fatia melão 1 copo suco Ades 3 un. *biscuit*	1 xíc. mingau de aveia

	Quinta	Sexta	Sábado
Café da manhã	1 copo leite semidesnatado 1 xíc. cereal integral 10 un. morango	1 copo suco mamão com laranja 1 col. (sopa) linhaça 2 un. torrada integral 1 col. (sopa) queijo cottage	1 copo vitamina leite semidesnatado com frutas e gérmen de trigo 2 fatias pão integral sem casca com margarina light
Colação	2 un. torrada 1 col. (sopa) cream cheese light	1 iogurte desnatado 1 col. (sopa) geleia sem açúcar	4 damascos secos 2 un. *biscuit*
Almoço	4 col. (sopa) arroz sírio 3 col. (sopa) ervilha fresca 2 porções quibe forno 1 pires couve-flor 1 prato acelga com cenoura 1 un. maracujá doce	1 porção anéis lula com alho 4 col. (sopa) purê de batata 1 pires vagem com chuchu 1 prato pepino com tomate e salsa 1 un. pera	3 col. (sopa) batata cozida com azeite 3 col. grão-de-bico 4 col. (sopa) bacalhau com azeitonas cebola em rodelas 1 prato almeirão com tomate 1 pires berinjela com pimentão 1 un. kiwi
Lanche	2 fatias pão integral light 2 fatias blanquet peru 1 fatia queijo branco 1 copo suco de morango	1 copo suco Ades 2 un. pão preto 1 col. (sopa) requeijão light	1 copo suco maçã 1 barra de cereal light 1 un. castanha-do-pará
Jantar	4 col. (sopa) arroz 7 cereais 1 porção filé pescada com ervas finas no vapor 1 pires escarola refogada 1 pires beterraba com orégano 1 fatia abacaxi com canela	4 col. (sopa) mandioquinha com salsa assada 3 pedaços peito frango assado 1 pires couve-de-bruxelas 1 pires chicória com broto de feijão 1 taça gelatina	1 un. pão sírio integral torrado 4 fatias finas peito peru 1 tomate picado 2 col. (sopa) cenoura ralada com orégano 3 folhas alface maçã assada com canela
Ceia	1 copo Ades natural 2 col. (sopa) cereal integral	leite semidesnatado batido com aveia e banana	1 un. iogurte desnatado batido com mamão e gérmen trigo

TABELAS DE CALORIAS

BEBIDAS ALCOÓLICAS

Alimento	Quantidade	Kcal
Cerveja	1 copo de 240 ml	100,8
Conhaque	1 cálice de 20 ml	49,8
Licores	1 cálice de 20 ml	68,4
Uísque	1 dose de 30 ml	72,0
Vinho branco seco	1 copo de 100 ml	85,0
Vinho branco doce	1 copo de 100 ml	142,0
Vinho tinto	1 copo de 100 ml	65,0
Vodca	1 dose de 30 ml	72,0

BEBIDAS ENERGÉTICAS

Gatorade	1 frasco	45,6
Yakult	1 frasco	61,0
Taffman-E	1 frasco	72,0
Ades	1 copo	110,0

REFRIGERANTES

Coca-cola	1 copo de 240 ml	93,6
Coca-cola ou Pepsi--Cola diet ou light	1 lata de 350 ml	2,0
Guaraná	1 copo de 240 ml	76,8
Guaraná diet	1 lata de 350 ml	2,0
Sprite	1 copo de 240 ml	115,0
Sprite diet	1 lata de 350 ml	2,0
Tônica	1 copo de 240 ml	80,0

SUCOS

Abacaxi (c/ adoçante)	1 copo de 200 ml	108,0
Acerola (c/ adoçante)	1 copo de 200 ml	24,0
Água de coco	1 copo de 200 ml	53,7
Caju (c/ adoçante)	1 copo de 200 ml	37,0

Caldo de cana	1 copo de 200 ml	138,0
Laranja	1 copo de 200 ml	113,0
Limonada (c/ adoçante)	1 copo de 200 ml	12,0
Maracujá (c/ adoçante)	1 copo de 200 ml	30,0
Melancia (c/ adoçante)	1 copo de 200 ml	31,0
Morango (c/ adoçante)	1 copo de 200 ml	47,2
Uva	1 copo de 200 ml	123,0

BISCOITOS

Água e sal	unidade	32,0
Aveia e mel	unidade	29,0
Acqua	unidade	10,0
Biscoito Maria	unidade	25,0
Biscoito Maizena	unidade	20,0
Biscoito Negresco	unidade	55,0
Biscoito recheado chocolate	unidade	78,0
Cream Cracker	unidade	34,0
Maçã e canela	unidade	25,0
Salclic	unidade	25,0
Torradas	unidade	63,5
Wafer chocolate	unidade	51,0

MATINAIS

All-Bran ou Fibre-1	1 xíc. de chá	135,0
Corn Flakes	1 xíc. de chá	110,0
Farinha Láctea	1 col. de sobremesa	41,6
Granola	1 xíc. de chá	160,0
Müsli ou Vitalis	1 xíc. de chá	100,0
Nescau	1 col. de sopa	76,2
Neston	1 col. de sobremesa	37,5
Nutry, Trio, Fibrax (cereais em barra)	1 unidade	100,0
Sucrilhos	1 xíc. de chá	110,0

BOLOS

Cenoura com cobertura de chocolate	1 fatia de 30 g	371,0
De fubá ou simples de chocolate	1 fatia de 30 g	311,0
De nozes	1 fatia de 30 g	465,0
Pão de ló	1 fatia de 30 g	161,0
Pullman de chocolate	1 fatia de 30 g	188,5
Pullman Light Cake	1 fatia de 30 g	139,0

AVES

Almôndega de peru	4 unidades de 100 g	200,0
Coxa / sobrecoxa de frango assada c/ pele	1 unidade de 100 g	156,0
Coxa / sobrecoxa de frango assada s/ pele	1 unidade de 100 g	109,0
Filé de peito de frango grelhado sem pele	100 g	98,0
Hambúrguer de frango	1 unidade de 56 g	112,0
Peito de peru assado	100 g	180,0
Peito de peru defumado	2 fatias de 87 g	93,0
Peito de frango à milanesa (frito)	150 g	581,0
Tender	100 g	210,0

CARNE BOVINA

Acém assado	1 porção de 100 g	185,0
Alcatra assada	1 porção de 100 g	200,0
Alcatra frita	1 porção de 100 g	235,0
Bife de patinho à milanesa	1 unidade de 160 g	580,0
Coxão duro ou mole assado	1 porção de 100 g	200,0
Filé mignon	1 bife de 100 g	261,0
Fraldinha assada	1 porção de 100 g	185,0
Hambúrguer (carne moída magra)	1 bife peq. de 85 g	94,0

Lagarto assado	1 porção de 100 g	170,0
Músculo cozido	1 porção de 100 g	180,0
Patinho assado	1 porção de 100 g	200,0
Picanha	1 fatia de 100 g	250,0

CARNE SUÍNA

Bisteca	100 g	240,0
Lombo	100 g	181,0
Linguiça	unidade	95,0
Pernil	100 g	293,0
Toucinho defumado	1 fatia	137,7

FRIOS E EMBUTIDOS

Blanquet ou tubelle de peru	4 fatias (50 g)	90,0
Mortadela	1 fatia (30 g)	97,0
Peito de peru defumado	1 fatia (30 g)	93,0
Presunto	1 fatia (30 g)	102,4
Presunto gordo defumado	1 fatia (30 g)	112,4
Rosbife	1 fatia (30 g)	83,0
Salame	5 fatias (25 g)	74,6
Salsicha cozida	unidade (50 g)	165,0
Salsicha de peru ou chester	unidade (50 g)	140,0

FRUTOS DO MAR

Camarão cozido	100 g	82,0
Camarão frito	100 g	310,0
Kani kama	1 unidade	20,0
Lagosta cozida	100 g	98,0
Lula cozida	100 g	92,0
Marisco cru	100 g	50,0
Polvo cru	100 g	64,0
Siri	100 g	100,0

PEIXES

Atum cru	100 g	146,0
Atum em conserva	100 g	262,5
Bacalhau	100 g	169,0
Badejo cozido	100 g	130,9
Cação cozido	100 g	138,0
Dourado cru	100 g	80,0
Hadoque cru	100 g	73,7
Linguado cru	100 g	87,0
Merluza crua	100 g	142,0
Pescadinha assada	100 g	97,0
Robalo cru	100 g	72,0
Salmão cru	100 g	117,0
Sardinha crua	100 g	124,0
Sardinha em conserva	100 g	190,0

CHOCOLATES

Ao leite Lacta	unidade (30 g)	162,0
Bis Lacta ou Rocky	unidade (7,5 g)	40,0
Charge	unidade (40 g)	215,0
Chokito	unidade (32 g)	141,0
Diamante Negro	unidade (30 g)	104,4
Ferrero Rocher	unidade	73,0
Kinder Ovo	unidade (20 g)	101,0
Laka	unidade (30 g)	165,0
Milkbar	unidade (28 g)	130,0
Prestígio ou Fricote Lacta	unidade (30 g)	144,0
Sonho de Valsa Lacta	unidade	115,0
Suflair	unidade (50 g)	284,0
Talento	unidade (100 g)	530,0

DOCES

Bala Soft	unidade	16,0

Bomba recheada com creme	unidade	260,0
Brigadeiro e cajuzinho	unidade peq.	60,0
Chandelle chocolate	unidade	143,0
Chantibon	1 col. de sopa	66,2
Danette chocolate	unidade	200,4
Doce de leite condensado	1 col. de sobremesa	39,6
Flan de baunilha/ caramelo Danone	unidade	148,8
Flan de baunilha/morango	unidade	138,0
Flan diet chocolate (c/ leite desnatado)	unidade	51,0
Gelatina	1 pacote	76,0
Gelatina diet Royal	1 pacote	1,32
Goiabada	1 pedaço	82,4
Marshmallow (pedaços)	5 unidades	98,0
Marshmallow (calda)	1 col. de sopa	56,4
Pêssego em calda	½ unidade	83,5
Pudim diet chocolate	unidade	66,0
Pudim diet baunilha	unidade	62,0
Quindim ou torta de limão	unidade peq.	330,0
Suspiro	unidade peq.	15,0
Torta de banana McDonald's	unidade	209,0
Torta de maçã McDonald's	unidade	241,0

GRÃOS

Aveia	1 col. de sopa	52,6
Arroz branco cozido	1 col. de sopa	57,0
Arroz integral cozido	1 col. de sopa	50,0
Ervilha (lata)	1 col. de sopa	18,2
Feijão cozido	1 col. de sopa	16,8
Grão-de-bico cozido	1 col. de sopa	28,7
Lentilha cozida	1 col. de sopa	25,4
Milho (lata)	1 col. de sopa	20,2

FARINHAS

Aveia	1 col. de sobremesa	40,6
Mandioca	1 col. de sopa	53,9
Milho	1 col. de sopa	47,5
Rosca	1 col. de sopa	53,6
Trigo	1 col. de sopa	70,8

FRUTAS SECAS

Ameixa-preta	1 unidade média	36,0
Banana-passa	1 unidade média	27,2
Damasco dessecado	1 unidade	19,6
Maçã dessecada	½ unidade	46,9
Uva-passa	1 col. de sopa	28,9

FRUTAS OLEAGINOSAS

Amêndoas	1 xíc. de chá	736,0
Amendoim torrado	1 unidade	5,9
Avelã	1 unidade	15,0
Castanha-de-caju	1 unidade	12,2
Castanha-do-pará	1 unidade	21,0
Coco ralado	1 col. de sopa	150,0
Nozes	1 copo	787,7

FRUTAS FRESCAS

Abacate	1 unidade média	484,3
Abacaxi	1 fatia	42,0
Acerola	1 unidade	2,2
Ameixa vermelha	1 unidade média	37,5
Amora	1 copo	75,0
Banana-maçã	1 unidade média	45,6
Banana-nanica	1 unidade média	100,0
Banana-ouro	1 unidade média	47,5
Banana-prata	1 unidade média	44,5
Caju	1 unidade média	4,4

Caqui	1 unidade média	102,5
Carambola	1 unidade média	20,0
Cereja	1 copo	140,0
Damasco	1 unidade	18,9
Figo	1 unidade média	37,0
Framboesa	1 xícara	45,0
Goiaba	1 unidade média	45,0
Graviola	1 unidade média	50,0
Jabuticaba	1 xícara	58,4
Kiwi	1 unidade média	46,0
Laranja	1 unidade média	62,0
Maçã	1 unidade média	90,9
Mamão	1 fatia média	88,4
Manga	1 unidade média	192,9
Maracujá	1 unidade média	45,0
Melancia	1 fatia grande	62,0
Melão	1 fatia média	44,8
Nectarina	1 unidade	38,4
Nêspera	1 unidade	17,6
Papaia	1 unidade média	88,4
Pera	1 unidade média	95,0
Pêssego	1 unidade	51,5
Pitanga	1 porção	14,3
Tangerina	1 unidade	50,0
Uva	1 copo	105,0

Laticínios

Bio	1 frasco	115,7
Chambourcy diet natural	1 frasco	85,0
Chambourcy diet polpa frutas	1 frasco	60,8
Corpus diet coco ou ameixa	1 frasco	66,3
Corpus diet líquido	1 frasco	76,0

Dan'up (frutas)	1 frasco	172,0
Danone desnatado	1 frasco	114,0
Danone natural	1 frasco	138,0
Danoninho	1 frasco	152,0
Ninho Soleil	1 frasco	110,0
Pauli diet morango	1 frasco	56,0
VigorTop c/ geleia	1 frasco	202,0

LEITES E DERIVADOS

Chantilly	1 copo	746,0
Creme de leite	100 g	252,0
Leite condensado	1 col. de sopa	117,7
Leite de vaca desnatado	1 copo	69,2
Leite de vaca integral	1 copo	126,00
Leite em pó desnatado	1 col. de sopa	28,0
Toddynho	1 unidade 200 ml	200,0

QUEIJOS

Catupiry	1 col. de sopa	63,0
Cheddar	1 fatia	127,0
Cottage	1 col. de sopa	40,0
Cream cheese	1 col. de sopa	89,0
Cream cheese light	1 col. de sopa	51,3
Gorgonzola	1 fatia	119,2
Minas frescal	1 fatia	60,8
Minas light	1 fatia	38,2
Muçarela	1 fatia	108,1
Prato	1 fatia	105,9
Provolone	1 fatia	101,2
Requeijão	1 col. de sopa	83,4
Requeijão light	1 col. de sopa	27,0
Ricota	1 fatia (40 g)	71,6
Suíço	1 fatia	121,2

PETISCOS, TIRA-GOSTOS E LANCHES

Azeitonas verdes	10 unidades (40 g)	37,0
Batata frita	1 unidade	13,7
Batata frita	1 porção	420,0
Batata Pringles light	1 porção	140,0
Big Mac ou McChicken	1 unidade	560,0
Bolinha de queijo	1 unidade	42,0
Bolinho de bacalhau	1 unidade	142,0
Cheetos (Elma Chips)	1 pacote	348,0
Coxinha creme	1 unidade	270,0
Croquete de carne	1 unidade	72,0
Empadinha	1 unidade	55,9
Esfiha aberta de carne	1 unidade	54,0
Pastel de carne	1 unidade	200,0
Pastel de queijo	1 unidade	130,0
Picles (conserva)	1 unidade	4,0
Pipoca	1 copo	68,4
Quibe frito	1 unidade	103,0
Quibe assado	2 quadrados (50 g)	100,0
Nuggets de legumes (assado)	6 unidades	360,0
Nuggets de frango (assado)	6 unidades	400,0

SORVETES

Abacaxi	1 bola	188,0
Chicabon	1 picolé	109,0
Chocolate	1 bola	188,0
Coco	1 bola	61,2
Coco	1 picolé	94,0
Creme	1 bola	191,0
Diet Line Milky	1 bola	111,0
Diet Linea Slim	1 bola	88,0
Doce de leite	1 picolé	238,0

Eskibon	1 unidade	284,0
Flocos	1 bola	58,8
Limão	1 picolé	57,6
Maracujá	1 picolé	60,8
Milka	1 picolé	219,0
Milk-shake baunilha	1 copo (250 ml)	383,0
Milk-shake chocolate	1 copo (250 ml)	352,0
Milk-shake morango	1 copo (250 ml)	362,0
Morango	1 picolé	65,7
Morango	1 bola	182,0
Sundae McDonald's	1 unidade	310,0

LEGUMES

Abóbora	1 col. de sopa	10,0
Abobrinha	1 média	30,6
Alcachofra	1 unidade	31,5
Aspargo	1 unidade	3,9
Batata cozida ou assada	1 unidade grande	94,0
Berinjela	1 rodela média	7,5
Beterraba	1 unidade peq.	44,0
Brócolis cozido	1 pires (60 g)	22,0
Cenoura	1 unidade	50,0
Chuchu	1 col. de sopa	10,7
Couve-flor	1 pires (80 g)	25,0
Cogumelo em conserva	1 copo	51,3
Mandioquinha	1 unidade média	62,0
Nabo	1 colher de sopa	8,7
Palmito	1 rodela	5,2
Pepino	1 médio	17,6
Pimentão	1 unidade	18,5
Quiabo	1 pires de chá	33,0
Rabanete	5 unidades médias	32,0

Tomate	2 unidades	30,0
Salsão (em palito)	1 copo	20,0
Vagem	1 pires de chá	34,0

Ovos

Clara frita	unidade	15,1
Ovo de codorna	unidade	12,9
Ovo de galinha cozido	unidade	79,0
Ovo de galinha frito	unidade	108,0
Ovo de galinha mexido	unidade	120,0

Massas

Cappelletti de carne	1 porção (100 g)	282,2
Espaguete	1 porção (100 g)	285,0
Lasanha	1 porção (100 g)	284,0
Miojo	1 pacote	325,0
Pizza de 4 queijos	1 fatia (140 g)	380,0
Pizza de escarola	1 fatia (140 g)	288,6
Pizza de muçarela	1 fatia (140 g)	330,4
Pizza portuguesa	1 fatia (140 g)	449,8
Ravióli	1 porção (100 g)	282,0
Yakisoba	1 porção (160 g)	420,0

Pães

Bisnaguinha Pullman	1 unidade	65,24
Croissant	1 unidade	180,0
Diet Bread Wickbold	1 fatia (30 g)	58,0
Light Glúten Falkenburg	1 fatia (30 g)	45,2
Panetone	1 fatia	283,0
Pão de batata	1 unidade	135,0
Pão de centeio	1 fatia	69,0
Pão de forma Pullman	1 fatia	74,0
Pão de queijo	1 grande	173,0
Pão de hambúrguer	1 unidade	144,0

Pão francês	1 unidade	134,5
Pão integral	1 fatia	72,0
Pão preto	1 fatia	99,0
Pão sírio	1 unidade	83,0

GORDURAS

Azeite de oliva	1 col. de sopa (10 g)	90,0
Banha de porco	1 col. de sopa (20 g)	180,0
Maionese	1 col. de sopa (30 g)	199,0
Manteiga	1 col. de sopa (5 g)	38,0
Margarina	1 col. de sopa (5 g)	37,0
Margarina light	1 col. de sopa (5 g)	19,0
Óleo de canola, de milho ou soja	1 col. de sopa (10 g)	90,0

A obesidade e suas consequências

A obesidade vem assumindo proporções epidêmicas e tornou--se um dos problemas mais graves de saúde pública nos últimos vinte anos, atingindo tanto os países desenvolvidos quanto os emergentes. A determinação do Índice de Massa Corpórea (IMC), obtido pelo cálculo da razão entre o peso e a altura da pessoa elevada ao quadrado, permite classificar os pacientes obesos, delimitando o grau da obesidade e o risco de doenças associadas.

CÁLCULO DO IMC = ÍNDICE DE MASSA CORPÓREA

$$IMC = \frac{peso\ atual\ (kg)}{altura^2\ (m)}$$

CLASSIFICAÇÃO DA OBESIDADE PELO IMC x RISCOS DE DOENÇAS ASSOCIADAS		
Classificação	IMC (kg/m²)	Risco de doenças associadas
Intervalo normal	18,5 - 24,9	
Excesso de peso	igual ou superior a 25	pequeno
Pré-obeso	25 - 29,9	aumentado
Obeso classe I	30 - 34,9	moderado
Obeso classe II	35 - 39,9	severo
Obeso classe III	igual ou superior a 40	muito severo

As doenças associadas ou agravadas pela obesidade severa (IMC maior que 30,0), principalmente o diabetes insulino-resistente, a hipertensão arterial sistêmica, as doenças cardiovasculares (infarto agudo do miocárdio, derrame cerebral, fenômenos tromboembólicos sistêmicos), as doenças osteoarticulares, a colelitíase e alguns tipos de câncer, são responsáveis pelo índice assustador de morbimortalidade.

Um estudo realizado em 1991 por pesquisadores da Universidade de Harvard, nos Estados Unidos, comparando o percentual da mortalidade em pacientes obesos, pacientes com peso nos limites da normalidade e pacientes obesos submetidos a tratamento cirúrgico, durante a terceira, quarta e quinta década de vida dessas pessoas, demonstrou um índice de mortalidade quatro a cinco vezes maior na população obesa. Porém, quando esses pacientes foram submetidos ao tratamento cirúrgico, o índice de mortalidade se assemelhou ao dos pacientes não obesos, deixando claro o impacto do tratamento efetivo da obesidade no índice da mortalidade.

Estima-se que a prevalência da obesidade atinja atualmente cerca de metade da população adulta brasileira, e estudos publicados em 2008 já apontavam que 0,64% das pessoas apresentavam obesidade mórbida (IMC maior que 40,0).

Várias técnicas cirúrgicas foram desenvolvidas nos últimos 50 anos, seguindo basicamente dois princípios: cirurgias gastrorrestritivas e gastrorrestritivas associadas a derivação intestinal. As cirurgias gastrorrestritivas baseiam-se na indução de saciedade precoce, determinada pela diminuição da capacidade do estômago.

Apesar dos bons resultados obtidos pelas cirurgias do aparelho digestório, o índice de complicações relacionadas a esses procedimentos é considerável (mortalidade de 1,5% a 2%; complicações gerais entre 7% e 10%). A medicina, no entanto, progride continuamente com o objetivo de oferecer os melhores resultados no tratamento dos pacientes, causando-lhes o menor dano possível.

Nesse sentido, a cirurgia do aparelho digestório tem evoluído para procedimentos minimamente invasivos, com critério de seleção adequada dos pacientes, o que permite a otimização dos seus resultados em termos de controle de peso e índices de complicações muito baixos. O paciente tem recuperação rápida após o procedimento e breve retorno às atividades habituais. Isso determina maior eficiência do tratamento, com custo global reduzido e maior segurança.

OBESIDADE *VERSUS* INFERTILIDADE

Muita gente não sabe, mas a infertilidade em mulheres obesas é um problema que, na maioria das vezes, não tem tratamento clínico adequado. Vários ginecologistas priorizam a terapia hormonal em vez de tratar a obesidade, condição que pode interferir na gravidez de suas pacientes.

Segundo estudos realizados na Universidade de Adelaide, na Austrália, entre 1987 e 1998, mulheres acima do peso ideal têm problemas com os ciclos reprodutivos e a ovulação. Médicos pesquisadores suspeitam que o excesso de peso causa infertilidade, uma vez que altera o revestimento do útero.

No Brasil, especialistas em obstetrícia e endocrinologia atuam em conjunto com cirurgiões do aparelho digestório para a obtenção de melhores resultados no tratamento das pacientes obesas.

O excesso de gordura aumenta a resistência à insulina, levando à hiperinsulinemia, que provoca o aumento de hormônios masculinos

(andrógenos). Além disso, com o aumento de peso, as células gordurosas também ampliam a atividade da enzima aromatase, que causa, por consequência, a transformação dos hormônios femininos (estrógenos) em hormônios masculinos (andrógenos).

GORDURA É VELHICE

Infelizmente a gordura acumulada ao longo dos anos é sinal de velhice. Quem for obeso envelhecerá mais rapidamente. Magreza não é sinônimo de elegância, mas com certeza é uma característica de jovialidade, pois possibilita ao indivíduo movimentar-se com mais agilidade e velocidade. Consegue-se levantar sozinho de uma poltrona ou cadeira ou mesmo subir escadas com facilidade, sem ficar ofegante e tossindo em razão de um pequeno esforço físico. Os obesos, inclusive, têm dificuldade de ter uma noite de sono tranquila.

NOITES CALMAS: DE BEM COM O SONO

Uma boa noite de sono é capaz de fazer verdadeiros milagres em nossa vida, principalmente no que diz respeito à saúde física e mental. O sono renova as energias, proporciona o descanso necessário e é de extrema importância no metabolismo, pois é no momento de repouso que são produzidas substâncias como a melatonina e os hormônios, como o GH (hormônio do crescimento), essenciais para mantermos o corpo jovem e em equilíbrio. Estudos provam que quem dorme menos que o necessário tem menor vigor físico, envelhece mais precocemente e está mais propenso a infecções, obesidade, hipertensão e diabetes.

Sabe aquela sensação de ânimo e disposição após uma noite bem-dormida? Não é à toa que acontece, e o nosso corpo precisa disso.

O sono ajuda a fortalecer o sistema imunológico, aumenta a concentração e diminui o estresse, causa este de muitas doenças. Pessoas que não conseguem ter uma boa noite de sono, como aquelas que sofrem de insônia, podem ter comprometidos o raciocínio, a aprendizagem, a realização de tarefas diárias, passando a executá-las como se fossem muito cansativas, chegando até mesmo a comprometer o ambiente de trabalho e a vida familiar. Num estudo realizado pela Universidade Stanford, nos Estados Unidos, indivíduos que não dormiam havia 19 horas foram submetidos a testes de atenção. Constatou-se que cometeram mais erros do que pessoas com 0,8 g de álcool no sangue – quantidade equivalente a três doses de uísque.

Além das essenciais horas de sono, o importante é que exista também qualidade, pois um repouso tranquilo é o ideal. Atualmente homens e mulheres muito sobrecarregados com a vida profissional, insegurança no trabalho, competição elevada, violência, entre outros fatores, chegam aos consultórios médicos com a queixa de que passam as noites resolvendo os problemas, porém, muitas vezes, acordam com a solução. Seria muito bom se isso não fosse prejudicial.

Mas qual é a quantidade ideal de horas de sono? Embora essa necessidade seja uma característica individual, a média da população adulta necessita de sete a oito horas de sono diárias.

Entendendo melhor o sono

O sono é dividido em alguns ciclos, com duração aproximada de 100 minutos, e cada ciclo divide-se nas seguintes fases:

- **Adormecimento**
  Pode acontecer em alguns segundos, chegando, em algumas pessoas, a alguns minutos.

- **Sono leve**
  Possui a duração de aproximadamente 20 a 30 minutos.

- **Sono profundo**
  É o início do sono que descansa; chega a ter duração de 15 minutos na fase inicial e torna-se mais profundo e restaurador. É responsável pela eliminação do cansaço físico.

✀ Sono paradoxal

É a fase onde ocorrem os sonhos, também conhecida como movimento rápido dos olhos (REM, da sigla em inglês). É nesse período que ocorre o descanso emocional.

O sono promove um dia mais produtivo e feliz. Durante o sono, principalmente na madrugada, a produção da melatonina (hormônio que melhora a qualidade do sono) é intensificada. Ela é produzida logo que começamos a dormir, mas se houver presença de luz isso não acontece.

Atualmente a melatonina tem sido alvo de muitas pesquisas – e existe um grupo que acompanha esses estudos –, pois o hormônio é apontado como um dos mais importantes antioxidantes, responsável pelo retardo do envelhecimento. Alguns estudos estão sendo concluídos e mostram que a melatonina estimula também a produção do hormônio do crescimento (GH).

O aminoácido triptofano é fundamental para que tudo isso aconteça e pode ser ingerido numa dieta saudável, cujas principais fontes são carnes magras, peixes, leite e iogurte desnatados, queijos brancos e magros, nozes e leguminosas. O triptofano transforma-se em serotonina durante o dia e, com a chegada da noite, em melatonina.

Por volta dos 50 anos, começamos a apresentar alterações nos padrões de sono, porque nossa necessidade de dormir diminui à medida que envelhecemos. Pessoas com idade avançada sempre se queixam de dificuldade para adormecer e, quando dormem, o fazem por poucas horas. É comum que pessoas idosas tenham esse tipo de alteração, principalmente se não praticam atividade física. Além disso, a prática de atividade mental é igualmente importante. Lembre-se de que uma boa noite de sono revigora, aumenta as defesas do organismo, protege o cérebro. Como se não bastasse, o hormônio do crescimento (GH), liberado durante a fase de sono profundo, ajuda no fortalecimento dos ossos, revigora a musculatura e diminui o acúmulo de gordura, principalmente no abdome.

Estrogênio e sono

A falta de estrogênio durante a menopausa faz com que as mulheres não se beneficiem dos efeitos tranquilizantes do nosso comprimido natural para dormir, ficando assim em vigília contínua. Como seria de esperar a terapia hormonal contribui muito para a normalização dos padrões do sono.

Passos para uma boa noite de sono

- ❧ Inclua atividade física em sua vida.
- ❧ Mantenha a mente ativa.
- ❧ Tenha uma alimentação saudável.
- ❧ Diminua o ritmo no final do seu dia.
- ❧ Chegando em casa, mantenha um ritual.
- ❧ Tome um banho morno.
- ❧ Vista uma roupa confortável.
- ❧ Procure fazer um lanche leve, com chá ou leite morno com canela.
- ❧ Evite bebidas alcoólicas ou cafeína.
- ❧ Faça do seu quarto um ambiente calmo e aconchegante.
- ❧ Procure dormir num ambiente escuro, o que facilita a indução do sono.
- ❧ Tente ler antes de dormir. Isso costuma acalmar.
- ❧ Relaxe!

SEJA BEM-HUMORADO

O bom humor pode salvar sua vida, sabia? É verdade! Hoje a ciência estuda a influência do bom humor, da alegria e da afetividade na vida das pessoas, principalmente no que diz respeito à saúde e à qualidade de vida. O bom humor também tem sido avaliado na prevenção de patologias e na recuperação mais rápida de doenças graves, como o câncer. Felizmente, nos dias atuais, não há nenhuma dúvida de que o estresse físico ou mental esteja diretamente relacionado à saúde. Os efeitos do humor sobre a saúde são muito evidentes, e você não faz ideia de quanto é saudável uma risada verdadeira.

Pessoas compulsivas, maníacas por trabalho, agitadas, que não sabem delegar responsabilidades, não fazem questão de férias e sempre negam a depressão ou as emoções estão mais predispostas ao infarto do miocárdio.

As características dessas pessoas são:

- competitividade;
- desejo incontrolável de subir até o topo;
- necessidade de reconhecimento eterno;
- hábito de fazer várias coisas ao mesmo tempo;
- ausência de relaxamento;
- preocupação com o estado físico e mental;
- insatisfação frequente;
- grau de ambição exagerado.

O estresse acelera muito o processo de envelhecimento. Tenho observado que pessoas que vivem em ambientes extremamente competitivos, com grau elevado de insegurança e violência, aparentam idade superior à idade real. Como viajo muito, não poderia deixar de observar o modo de vida de cada país e suas variações quando visito as cidades pequenas próximas às capitais, mas com estilo próprio e tão diferente de viver. Sempre que vou à Bahia, digo a mesma coisa a alguns amigos: "Vocês são conservados no sal grosso!".

Essas pessoas, além de viverem em um lugar paradisíaco, aprenderam a lidar com suas ambições e vivem muito próximas de uma fonte regeneradora, que é a natureza e o mar.

Há vários trabalhos que mostram que a adaptação ao estresse ajuda a ter um envelhecimento mais harmonioso. Sinceramente, acho muito triste falar em adaptação ao estresse.

Pessoas com traços proeminentes de negação das experiências mais traumáticas, supressão das emoções e tendência à raiva possuem predisposição para a evolução de doenças como o câncer.

São traços característicos dessas pessoas:

- ✑ amabilidade excessiva, porém às vezes contrariada;
- ✑ não reconhecimento dos conflitos;
- ✑ aspiração social exagerada;
- ✑ comportamento forçosamente harmonioso;
- ✑ paciência desmedida;
- ✑ rígido controle da expressão emocional.

Pesquisadores consideram para essa personalidade que o uso excessivo da negação e da repressão (mecanismos de defesa) e a dissimulação dos sentimentos são importantes fatores ligados ao desenvolvimento tumoral.

Na verdade, não é tão fácil assim mantermos o bom humor no dia a dia, com tantas coisas acontecendo ao nosso redor. Considero isso um dom, um traço marcante, genético e, acima de tudo, uma atitude inteligente. Avaliando quanto o bom humor é importante em nossa vida e como pode nos beneficiar, cheguei à conclusão de que é fundamental esse aprendizado e venho sendo uma aluna disciplinada. Aprendi que é muito bom rir de si mesmo, do cotidiano, das saias justas que já vivemos. Confesso que nem sempre é fácil, mas se levarmos a vida de uma maneira leve, mesmo diante de um problema mais sério, rirmos mais e com maior frequência do que de costume, isso será maravilhoso e poderemos viver mais e melhor.

O PODER DO RISO

Pesquisas mostram que o riso tem importante papel na redução dos hormônios envolvidos na fisiologia do estresse. Ele é capaz de:

- ❦ melhorar a intensidade e realçar a criatividade das respostas;
- ❦ diminuir a dor;
- ❦ aumentar a imunidade;
- ❦ reduzir a pressão do sangue.

Pessoas que sabem se divertir e rir são geralmente mais saudáveis e capazes de sair de situações de estresse com mais facilidade.

A redução da liberação dos hormônios associados ao estresse, principalmente do cortisol e da adrenalina, é de grande importância, pois, como sabemos, o excesso deles pode enfraquecer as defesas do organismo e elevar a pressão arterial, criando condições para o desenvolvimento de infecções e doenças cardíacas.

PARE DE FUMAR, AGORA

Fumar não é uma atitude inteligente, e a maioria das pessoas está ciente dos malefícios desse vício.

Quando se aspira a fumaça do cigarro, instantaneamente um número altíssimo de substâncias tóxicas atinge o organismo. Para se ter uma ideia, só o alcatrão contém mais de 100 substâncias nocivas à saúde. Mas o que realmente causa a dependência é a nicotina, que atua diretamente no sistema nervoso central.

A seguir, algumas substâncias encontradas no cigarro e os efeitos que causam no organismo:

Nicotina

- ❦ Age no sistema nervoso central de forma parecida com a cocaína, porém chega ainda mais rápido ao cérebro.
- ❦ Provoca dependência ao fumante.
- ❦ Acelera a frequência cardíaca e causa vasoconstrição, o que leva à hipertensão.
- ❦ Causa arteriosclerose.
- ❦ Aumenta o risco de doenças cardiovasculares.

 ❧ Aumenta a produção do ácido clorídrico do estômago, podendo causar úlceras gástricas.

 ❧ Pode levar ao enfisema pulmonar.

Monóxido de carbono

 ❧ Dificulta a oxigenação do sangue, o que leva alguns órgãos à insuficiência de oxigênio, podendo causar lesões e envelhecimento celular.

Alcatrão

 ❧ Possui mais de 45 substâncias cancerígenas. É objeto de intensas pesquisas por parte da sociedade científica.

O tabagismo é responsável por inúmeras mortes precoces no Brasil e no mundo. Do total de mortes por câncer, aproximadamente 30% são causadas pelo fumo, e cerca de 25% das pessoas morrem por AVC (acidente vascular cerebral). Em relação ao câncer de pulmão, 90% de suas vítimas são fumantes. Além disso, o tabaco aumenta a predisposição ao infarto e a outras doenças coronarianas e é responsável por:

 ❧ aumentar a gordura na parede das artérias, facilitando a obstrução;

 ❧ reduzir a elasticidade das artérias;

 ❧ contribuir para a agregação de plaquetas, facilitando a formação de coágulos;

 ❧ diminuir o transporte de oxigênio, inclusive para o coração;

 ❧ provocar a elevação da pressão arterial, aumentando o risco das doenças cardiovasculares.

Seja inteligente: não fume nem seja um fumante passivo

O fumante passivo é tão prejudicado quanto o ativo, pois a fumaça que fica no ambiente também é aspirada por quem está nele, levando a nicotina e o monóxido de carbono, além de outras substâncias, para o pulmão. A única diferença é que isso ocorre em quantidade menor, dependendo também do local onde está a nuvem de fumaça, se é aberto ou fechado e se há ventilação.

O fumante passivo sofre com irritações nos olhos, cefaleia, tosse, aumento de problemas alérgicos, respiratórios e cardíacos, elevação da pressão arterial e angina. A médio e longo prazos outros danos podem ser causados.

Atualmente existem leis que proíbem o uso do cigarro em shoppings, restaurantes e outros estabelecimentos. As autoridades estão protegendo cada vez mais os não fumantes, por meio da criação de novas leis. A Lei Federal 9.294/96, artigo 2º, proíbe o fumo em recinto coletivo, privado ou público, salvo em área destinada a esse fim, devidamente isolada e arejada.

Cigarro e beleza

Mas se nada disso é suficiente para pensar melhor a respeito do cigarro e avaliar seus danos com clareza, então saiba que, além do que foi citado, o fumo envelhece e causa rugas!!!

A oxigenação dos tecidos é prejudicada pelo monóxido de carbono encontrado na fumaça. O colágeno, fibra responsável pela sustentação da pele, é muito lesado, pois as substâncias que constituem o cigarro causam aceleração na sua destruição. Portanto, a probabilidade de flacidez e formação de rugas é muito maior em fumantes. Além disso, essa fumaça nociva diminui a vitamina C no organismo, causando o envelhecimento precoce do corpo como um todo.

Até mesmo o movimento dos lábios para tragar são prejudiciais, principalmente nas mulheres, porque causam rugas perilabiais.

Mulher *versus* cigarro

A mulher que fuma e faz uso de pílula anticoncepcional precisa saber dos males que essa combinação perigosa pode ocasionar:

- ❧ maior risco de infarto;
- ❧ derrame cerebral;
- ❧ aceleração do processo de envelhecimento;
- ❧ amarelecimento da pele;
- ❧ aparecimento de olheiras acinzentadas;
- ❧ aparecimento ou aumento da celulite;
- ❧ surgimento de tártaros;
- ❧ piora no quadro de varizes.

Menopausa *versus* cigarro

O tabagismo está associado ao início da menopausa em idades mais precoces, pois o número de cigarros consumidos por dia e a duração do hábito de fumar estão relacionados com a produção hormonal. O tabagismo também contribui para a formação de radicais livres, responsáveis pelo envelhecimento precoce.

BEBIDAS ALCOÓLICAS

O álcool consumido em grande quantidade pode prejudicar a saúde, diminuindo a longevidade e a qualidade de vida, além de causar outros danos que podem levar à morte.

Em geral, o álcool causa:

- ❧ dependência;
- ❧ lentidão no aprendizado;
- ❧ dificuldade de memorização;
- ❧ problemas hepáticos;
- ❧ impotência sexual;
- ❧ anemia;
- ❧ gastrites;
- ❧ gordura no fígado (esteatose hepática);
- ❧ aumento do açúcar no sangue;

∾ Aumento da coagulação do sangue.

Quando ingerido moderadamente, como, por exemplo, uma taça de vinho tinto à noite, é capaz de promover benefícios ao organismo, embora este tipo de bebida seja rico em valores calóricos. Em pequenas doses é relaxante, protege contra algumas doenças cardiovasculares, é vasodilatador e aumenta os níveis do colesterol saudável no sangue (HDL).

Atividade física, prazer e qualidade de vida

*A*té o início da Revolução Industrial todo e qualquer tipo de exercício físico estava condicionado às atividades rotineiras do dia a dia. Se antes o esforço corporal era parte inerente ao trabalho, isso foi, ao longo dos anos, se modificando. Hoje, a maioria das pessoas, nas inúmeras salas de escritórios espalhadas pelo mundo, se vê diante de uma mesa de computador conectada à internet. E assim tornam-se cada vez mais sedentárias, presas e incapacitadas fisicamente.

A atividade física ultrapassa um simples prazer; ela proporciona maior qualidade de vida às pessoas.

Segundo estudo da Organização Mundial de Saúde, a carência de atividade física é uma das dez principais causas mundiais de morte e incapacidade. Cerca de dois milhões de mortes por ano são atribuíveis à inatividade física. As estatísticas assustam. Entre 60% e 85% dos adultos simplesmente não são ativos o bastante para beneficiar a própria saúde.

Assim, a ordem é fazer algum tipo de exercício. Não importa qual seja, e sim que o execute com certa frequência e que ele contribua para manter a forma, a saúde e o bem-estar. O que vale mesmo são as horas semanais em que se exercita o corpo, reduzindo o nível de estresse e prolongando a condição física.

A fim de manter a autoestima e estimular todo o corpo a ganhar flexibilidade e disposição, fuja da preguiça. Se você ainda não pratica nenhuma atividade, não perca tempo. Quanto mais cedo ficar em forma, melhor e mais saudável irá se sentir. O sedentarismo leva ao enfraquecimento progressivo de estruturas com funções biomecânicas, como as articulações, e provoca certas alterações relacionadas a algumas patologias, como dores lombares, enfraquecimento muscular, obesidade etc. Já é fato: quem faz algum tipo de exercício vive mais e melhor. Então, saia já desse marasmo e movimente-se!

COMO OS EXERCÍCIOS NOS TORNAM MAIS JOVENS

- ❧ Aumentam o tamanho e a força dos músculos, incluindo o coração.
- ❧ Ajudam a manter a mobilidade e a capacidade física.
- ❧ Mantêm os ossos saudáveis.
- ❧ Melhoram o equilíbrio e diminuem o risco de queda.
- ❧ Previnem contra as doenças cardíacas e outras doenças crônicas.
- ❧ Aumentam a expectativa de vida.

ALGUMAS DICAS

- ❧ Consulte o médico antes de começar a praticar atividades físicas.
- ❧ Faça a avaliação que as academias exigem.
- ❧ Escolha uma atividade física que o agrade.
- ❧ Use o sensor cardíaco para controlar a frequência cardiovascular.

CAMINHANDO E CANTANDO...

Caminhar é uma das atividades físicas mais indicadas por médicos, *personal trainers*, fisioterapeutas e professores de educação física. A caminhada faz bem – aliás, muito bem. Ao longo dos anos, é possível observar os inúmeros efeitos positivos que a prática vem agregando aos andarilhos, pois, além de reduzir o risco de doenças do coração e aumentar a resistência, melhora a disposição no dia a dia.

A prática da caminhada é um esporte essencialmente popular, já que não traz gastos com academia. Além disso, segundo a Organização Mundial de Saúde, 30 minutos diários são suficientes para atingir os benefícios e manter o corpo saudável.

Se estiver disposta a encarar novos desafios, o *jogging* é uma excelente opção. É, na verdade, caminhar com passos rápidos e curtos. Durante a fase de adaptação, exercite-se ora caminhando, ora correndo para acostumar-se, e, assim, aumente o ritmo progressivamente. Em conjunto com a musculação, pode ser um maravilhoso aliado e surtir excelente efeito.

Algumas dicas para realizar uma caminhada saudável e eficiente

O tipo de tênis e vestuário

Da mesma forma que escolhemos uma roupa para ir a algum lugar, também ficamos pensando que tênis usar para determinada prática esportiva. Essa preocupação não é recente, mas hoje em dia é levada mais a sério, visto que o calçado inadequado pode causar dores, cansaço, lesões e mudanças no aparelho locomotor, alterando o modo de andar da pessoa.

O importante na compra de um tênis é levar em consideração a formação ortopédica, ou seja, a adequação ao tipo de pé, e qual a atividade física praticada.

O calçado deve ser leve, ter um número que deixe o pé confortável – nem apertado, nem folgado demais –, ter boa ventilação, absorver bem o impacto e ter sola antiderrapante.

É fundamental observar também a manutenção do tênis e quando é necessário fazer a troca, que deve seguir o mesmo princípio de quando deixamos de usar uma roupa porque está velha e muito usada.

Outra dica interessante é que hoje existem muitas lojas especializadas em esportes, e nelas podemos realizar testes em esteiras ou placas que especificam o tipo de pé e a maneira de pisar de cada pessoa. Assim o tênis é escolhido de acordo com essas características e com a modalidade de esporte praticada.

Escolha roupas leves e confortáveis para a caminhada. Procure usar tecidos que facilitam a transpiração e favorecem os movimentos. E não se esqueça de usar um boné, caso opte pela caminhada durante o dia.

O local mais indicado para a caminhada

A escolha de um lugar apropriado garante 100% de sucesso na caminhada. Prefira lugares seguros e de preferência arborizados, como parques e praças públicas, que, além de ser bem agradáveis, são protegidos. Evite avenidas, ruas e rodovias, pelo risco de acidentes. Se for caminhar em lugares de pouca circulação de pessoas, convide alguém conhecido que possa o acompanhar, e se a pessoa tiver o mesmo nível de condicionamento que o seu melhor ainda, pois ambos aproveitarão os benefícios da caminhada.

O horário mais adequado

O horário mais indicado para caminhar é aquele escolhido pela pessoa de acordo com sua disposição e disponibilidade, conciliando a atividade às tarefas do dia a dia. Devemos ficar atentos, porém, para o fato de que na parte da manhã os exercícios devem ser praticados de forma progressiva, pois a taxa metabólica está baixa e o corpo precisa de adaptação para as novas solicitações a que vai ser submetido. Escolha horários em que a temperatura esteja agradável, para não sentir nenhum desconforto na hora da caminhada.

Algumas pessoas têm maior disposição de manhã, outras à tarde, e há aquelas que somente podem caminhar à noite, por causa de suas atividades diárias, ou porque possuem rotinas que não possibilitam horários e dias certos. Neste caso, o importante é manter a prática da atividade, independentemente de dias e horário, e nunca esquecer de fazer exercícios de alongamento antes e depois da caminhada.

Ingestão de líquidos

Beba de 350 a 500 ml de líquido cerca de 10 a 15 minutos antes da corrida (ou caminhada). E, se o percurso for longo, beba durante a atividade. Não ingira líquidos com muito açúcar ou hidroeletrolíticos e exponha o máximo possível da pele para que o ar possa circular, facilitando a evaporação do suor.

É essencial tomar água, pois ela transporta nutrientes fundamentais para as células desempenharem suas funções, além de garantir o controle da temperatura corporal. O mecanismo da sede muitas vezes ignora a necessidade de líquidos durante o exercício, por isso consuma-os pelo menos a cada 15 ou 20 minutos enquanto se exercita.

A reposição de água é importante para que o corpo continue a suar. A transpiração não faz emagrecer, mas ajuda a manter o controle da temperatura corporal, porque se isso não acontecesse sentiríamos nosso corpo como um caldeirão de água fervendo. O consumo de água deve ser feito de forma moderada, proporcional ao tempo, e para evitar desconforto sua ingestão deve ser feita aos goles, e não de uma só vez, pois o organismo apresenta capacidade limitada de absorção.

Um boa hidratação é muito importante, uma vez que garante o desempenho na atividade, já que a falta de líquidos ocasiona desidratação, sonolência e mal-estar.

Programa de caminhada

Antes de iniciar a caminhada, alongue o corpo por 10 minutos. Depois, aqueça-o caminhando levemente por mais 10 minutos. Comece aos poucos; o ideal é três vezes por semana e em dias alternados. Depois da fase de adaptação, pratique de quatro a seis vezes por semana, com um dia de descanso.

Após a caminhada, desaqueça o corpo por 8 minutos, caminhando devagar, e lembre-se de que é fundamental alongar-se no final da caminhada.

Nas primeiras cinco semanas, é importante caminhar somente no plano, variando o piso: grama, asfalto, terra e areia. Depois, você já pode enfrentar subidas e descidas em pisos variados. Mas atenção: seguir o programa é essencial, pois o esforço deve ser gradativo, poupando a musculatura e as articulações.

1ª semana	20'	70% frequência cardíaca	3x por semana	dias alternados
2ª semana	30'	65-75% frequência cardíaca	3x por semana	dias alternados
3ª semana	30'	65-75% frequência cardíaca	4x por semana	
4ª semana	40'	65-75% frequência cardíaca	4x por semana	
5ª semana	50'	65-75% frequência cardíaca	4x por semana	
6ª semana	60'	65-75% frequência cardíaca	4x por semana	
7ª semana	1h 10'	65-75% frequência cardíaca	3x por semana	
8ª semana	1h 10'	65-75% frequência cardíaca	4x por semana	
9ª semana	1h 15'	65-75% frequência cardíaca	4x por semana	
10ª semana	1h 20'	65-75% frequência cardíaca	4x por semana	

O ideal é que seja realizado um teste clínico de frequência cardíaca máxima. Caso isso não seja possível, podemos usar um cálculo que nos dará um resultado aproximado dos batimentos cardíacos reais.

O cálculo é feito assim:

220 menos a idade = frequência cardíaca máxima

Assim, você encontrará a medida certa para mensurar a quantidade de batimentos por minuto.

Para que durante a atividade física você consiga realizar um trabalho capaz de queimar calorias com perda de peso, é importante que a sua frequência cardíaca esteja entre 65% e 75% da máxima, além de manter o exercício por no mínimo 30 minutos.

Existem algumas maneiras de avaliar e quantificar seu rendimento durante o exercício físico.

✥ O uso de um relógio para monitorar seus batimentos cardíacos é importante, pois indicará o grau de esforço que está sendo feito e permitirá que seu rendimento seja acompanhado com segurança, evitando que seja ultrapassada a frequência cardíaca máxima desejada, de acordo com seu estado físico geral e sua idade.

✥ A avaliação da respiração é fundamental. Estar ofegante, com dificuldade para falar durante o treino, indica que você está com intensidade de esforço físico elevada e utilizando sua frequência cardíaca máxima.

✥ A respiração ligeiramente modificada e a fala normal significam que a atividade física está leve.

MUSCULAÇÃO

Já sabemos que a musculação fortalece a musculatura e também é eficaz na perda de peso. Quando bem orientada, é de grande valia, pois fortalece e trabalha grupos musculares separadamente, sendo capaz de fazer milagres, esculpindo e modelando seu corpo.

VOCÊ SABIA?

✥ Uma aula de musculação leva à queima de 350 a 500 calorias, variando, é claro, com a intensidade do treino.

✥ Um estudo em Oregon (EUA) mostrou que quem pratica musculação despende quase um terço a mais de calorias do que os que fazem atividades aeróbicas.

Alguns grupos musculares são difíceis de trabalhar, como é o caso do tríceps, o famoso "músculo do tchau", que causa grande constrangimento nas mulheres, muitas vezes impedindo-as de usar roupas que exponham essa região. Quem não gosta de estar em dia com o espelho? É prazeroso acompanhar a evolução do trabalho muscular, que modifica a postura, enrijece os braços, torneia as pernas. Antes eu só praticava atividades aeróbicas e associadas ao lazer: mergulho, corrida e andar de bicicleta. Hoje, com menos tempo disponível e querendo priorizar alguns grupos musculares, divido-me entre a equitação, que é um grande exercício aeróbico associado ao lazer, e a musculação. Assim, posso ter uma resposta rápida e segura, protegendo as articulações com o fortalecimento da musculatura.

Na minha adolescência, fazia-se aeróbica de alto impacto. Nas academias era a febre do momento, porém com o tempo foram sendo observadas, nos consultórios médicos, lesões de joelho, e claro que eu não fiquei de fora. Passei pela fase dos anti-inflamatórios e do gelo, que amenizavam temporariamente a dor, mas que voltava com intensidade total no primeiro passo em falso. Foi quando o ortopedista chegou à conclusão de que seria ideal realizar uma artroscopia e provavelmente retirar o menisco (tendão que liga o joelho). Fiquei assustada e optei por fortalecer a musculatura local com fisioterapia e musculação. A resposta foi maravilhosa, e hoje observamos a importância do fortalecimento muscular para proteger as articulações.

Antes de ter um corpo bonito e definido é importante que você tenha um corpo saudável e que seja bem orientado no que diz respeito à tonificação de sua musculatura.

BENEFÍCIOS DA MUSCULAÇÃO

- ❧ Fortalece a musculatura.
- ❧ Trabalha grupos musculares específicos.
- ❧ Aumenta a força muscular.
- ❧ Protege as articulações com o fortalecimento dos músculos.
- ❧ Fortalece e protege a região das costas, mantendo a postura adequada.
- ❧ Define a musculatura.
- ❧ Emagrece.

Pilates – força muscular, postura e bem-estar

Tenho visto, nos últimos tempos, que as pessoas estão mais preocupadas com a forma física. No entanto, uma coisa mudou. A maioria busca algo que dê prazer, saúde e bem-estar. E o Pilates é o programa de exercícios que mais tem crescido em todo o mundo, além de ter sido eleito uma das técnicas mais eficazes e prazerosas, principalmente por nós, mulheres.

Essa técnica foi desenvolvida por Joseph Pilates, na década de 1920. O alemão passou parte da juventude lutando contra problemas de saúde. Por isso, elaborou um programa de atividade física próprio e transformou-se num atleta, praticante de várias modalidades esportivas.

Mais tarde, estudou anatomia, fisiologia e até medicina oriental, e aplicou sua experiência pessoal durante a Primeira Guerra Mundial. Como enfermeiro, observou que a falta de atividade física dos pacientes dificultava o processo de melhora. Por isso, idealizou exercícios usando cordas, roldanas e molas, que adaptava à cama da enfermaria. Sua ideia era trabalhar a resistência de músculos específicos, sem comprometer o restante do corpo.

Em 1926, o "método de condicionamento físico integral" foi levado por ele para Nova York. Desde então, sua técnica foi sendo aperfeiçoada e difundida nos cinco continentes.

No total, são cerca de 500 exercícios, praticados em camas, cadeiras e plataformas com molas, que proporcionam resultados em pouco tempo. O objetivo é desenvolver o centro de força, formado pelo abdome, pela região lombar e pelo quadril, permitindo equilíbrio corporal e mental.

Com base no fato de que os músculos precisam ser fortes e flexíveis para se manterem bonitos e saudáveis, pela técnica de Pilates os exercícios fortalecem e alongam os músculos e aumentam a mobilidade das articulações, protegendo-as contra algumas patologias comuns nessa região.

Os movimentos do Pilates são realizados de maneira tranquila. O alinhamento postural é importante em cada exercício, ajudando na melhora da postura global do indivíduo.

O Pilates é indicado a qualquer pessoa, de qualquer idade, e é guiado por um programa personalizado, com o objetivo de melhorar o condicionamento físico e o bem-estar geral.

Numa versão mais moderna, o Pilates já foi até adaptado para ser realizado na água, o *water Pilates*, como é conhecido nos Estados Unidos.

BENEFÍCIOS DO PILATES

- Melhora o equilíbrio emocional.
- Proporciona alongamento e maior conhecimento corporal.
- Corrige a postura.
- Aumenta a flexibilidade, o tônus e a força muscular.
- Alivia as tensões, o estresse e as dores crônicas.
- Estimula o sistema circulatório e a oxigenação do sangue.
- Facilita a eliminação das toxinas.
- Fortalece os órgãos internos.
- Aumenta a concentração e a resistência.
- Trabalha a respiração e, em contrapartida, promove relaxamento.

NATAÇÃO

Atividade aeróbica bastante relaxante, fortalece os músculos dos braços, das pernas, peitorais, das costas, do abdome e os glúteos. Além disso, mantém protegidas as articulações, pois não causa impacto. Como você pode ver, é bem completa. Se você gosta de água, esta é uma opção maravilhosa. Excelente para a saúde e indicada a todas as idades.

HIDROGINÁSTICA

Várias pessoas pensam que a hidroginástica é uma atividade física muito lenta, mas sabemos quanto ela pode beneficiar o seu organismo. Atua em todos os grupos musculares, é um exercício aeróbico que não causa impacto nas articulações e é extremamente relaxante.

Para quem faz musculação, é muito bom complementá-la com uma atividade como essa.

EQUITAÇÃO

Além de ser excelente como lazer e proporcionar o contato com a natureza, aumenta a autoconfiança e relaxa. Também é muito boa para fortalecer pernas, glúteos, região do períneo e parte interna de coxa.

É importante fortalecer a musculatura lombar com exercícios localizados, como musculação, para proteger essa região durante a cavalgada.

TÊNIS

É uma atividade aeróbica que melhora o condicionamento físico, fortalece as pernas e principalmente os braços. É aconselhável que as mulheres trabalhem os músculos do glúteo e abdome com outra atividade física.

GINÁSTICA LOCALIZADA

Deve ser feita com a orientação de um profissional, para que não sobrecarregue a musculatura nem agrida as articulações. É importante que seja praticada com bom-senso, principalmente os abdominais e exercícios para o glúteo com caneleira. Esses movimentos devem ser acompanhados de perto, para evitar a famosa dor no pescoço e nas costas após fazer o trabalho muscular de maneira inadequada.

CICLISMO

Excelente atividade aeróbica que pode ser muito relaxante. Trabalha os músculos das pernas, os glúteos e o abdome, além de dar equilíbrio e agilidade, mas escolha lugares seguros, como parques e ciclovias.

SQUASH

Excelente para pernas e braços, além de proporcionar um trabalho aeróbico importante, promovendo a queima de calorias e o fortalecimento da musculatura anterior e da parte interna da perna.

> **Observação:** Sempre que realizar atividades físicas ao ar livre e com sol, use protetor solar 30 minutos antes e proteja o rosto com boné ou viseira.

QUEIMA DE CALORIAS COM ATIVIDADES FÍSICAS

Praticar exercícios físicos que proporcionam a queima de 1.000 calorias semanais diminui de modo significativo o risco geral de infarto. A tabela mostra a quantidade de energia gasta no desempenho de várias atividades, no período de 1 hora. Quanto maior o peso, maior é o número de calorias queimadas.

QUANTIDADE DE CALORIAS GASTAS DURANTE ALGUMAS ATIVIDADES FÍSICAS		
Atividade (1 hora)	**Peso entre 54 e 58 kg**	**Peso entre 76 e 81 kg**
Dança aeróbica	290-575	400-800
Peteca	230-515	320-720
Bicicleta	170-800	240-1.120
Bicicleta ergométrica	85-800	120-1.120
Boliche	115-170	160-240
Canoagem	170-460	240-640
Dança	115-400	160-560
Jardinagem	115-400	160-560
Golfe (carregando a bolsa)	115-400	160-560
Caminhada (no mato)	170-690	240-960
Jogging (7,5 km/h)	460	640
Frescobol	345-690	480-690
Pular corda	345-690	480-960
Correr (12 km/h)	745	1.040

Patinar, skate	230-460	360-640
Esqui (cross-country)	290-800	400-1.120
Esqui (downhill)	170-460	240-640
Subir escada	230-460	320-640
Natação	230-690	320-900
Tênis	230-515	320-720
Vôlei	170-400	240-560
Caminhada (3 km/h)	150	210

Para outros pesos, pode-se calcular o valor aproximado escolhendo o número de calorias da segunda coluna. Multiplique este número pelo seu peso em libras e divida por 175. Por exemplo, se você pesa 99 quilos, seu peso em libras* é 220, então o *jogging* utiliza 640 x 220 = 804 calorias/hora.

BENEFÍCIOS QUE A PRÁTICA DE ATIVIDADES FÍSICAS TRAZ

- ∝ Melhora a qualidade do sono.
- ∝ Diminui o estresse.
- ∝ Ajuda no controle da pressão arterial.
- ∝ Diminui o colesterol.
- ∝ Aumenta a eficácia do coração e dos pulmões.
- ∝ Fortalece a estrutura óssea, diminuindo a osteoporose.
- ∝ Aumenta o equilíbrio, causando menos queda.
- ∝ Estimula a produção do hormônio do crescimento.
- ∝ Melhora a autoestima.
- ∝ Fortalece a musculatura.
- ∝ Libera endorfinas que dão a sensação de prazer e bem-estar.
- ∝ Aumenta a oxigenação das células do corpo.
- ∝ Ajuda a manter a boa forma.

---

*1 LB (libra) = 453 gramas (N.E.)

Culto ao corpo — quando o belo torna-se imprescindível

No dicionário, a definição de belo diz respeito a tudo aquilo que tem beleza, é formoso e lindo; ou ainda apresenta caráter ou natureza do que é belo. Mas vamos além, definir e separar o belo do perfeito, do inatingível. Até que ponto querer um corpo bonito e saudável pode ultrapassar a barreira do bom-senso e do discernimento? Como podemos avaliar as influências externas que sofremos diariamente e que impõem cada vez mais um corpo esbelto, dentro dos padrões? Mas quais são os moldes estipulados para o belo?

Numa sociedade de consumo controlada pela mídia, a busca pelo corpo ideal ultrapassa barreiras e rompe obstáculos. Não escolhe credo, raça, faixa etária ou classe social. Todos, sem exceção de um único grupo, sofrem com um discurso que ora prega a estética, ora se preocupa com a questão da saúde. Mas como conviver com isso? Como caminhar sem esbarrar nesta linha tênue que divide a atividade física entre a obstinação pela estética e a manutenção de um corpo vivo e em equilíbrio?

Não foi só Hollywood que ajudou a criar novos padrões estéticos, idealizando e reafirmando a beleza moldada. Revistas e programas de televisão sempre revelam os "segredos das estrelas", mostrando assim a perfeição física: as medidas ideais de altura, busto, quadril, além da cor dos olhos, tipo de cabelo, entre outros mil itens, até chegar nas técnicas para corrigir as imperfeições. É neste momento que devemos ficar alertas e refletir sobre o apregoamento dos novos valores.

Mesmo bombardeados por constantes propagandas, devemos estar conscientes da história da qual fazemos parte. O que está na moda e sendo considerado sensual? Lembremos que há apenas alguns séculos a bola da vez eram as mulheres rechonchudas, grandes e de estrutura larga.

Desde o final do século XX, passando pelo início deste, o culto ao corpo está intrinsecamente relacionado à glorificação da imagem da juventude. Perdem-se muitas vezes as noções de saúde, vitalidade e equilíbrio para literalmente fabricar um corpo perfeito. Na verdade, precisamos evitar que as pressões sociais nos influenciem e nos tornem escravas do próprio corpo.

MÚSCULOS E JUVENTUDE A QUALQUER PREÇO

Tenho de abordar este assunto, pois venho observando uma nova geração de mulheres que aderiu aos músculos a qualquer custo. E esse custo me preocupa quando quem paga a conta é a saúde. Mulheres muito vaidosas e bem-cuidadas atraem olhares, com seus bíceps e tríceps torneados e impecáveis, apesar de muitas vezes já estarem numa faixa etária que poderia mostrar algumas imperfeições nessa região. Espero mesmo que todas estejam frequentando academias, desde que estejam recebendo orientação nutricional e física adequadas.

Quando eu era adolescente e morava num lugar paradisíaco, com o mar a minha frente, caminhar, correr e pedalar na orla eram o suficiente para manter meu corpo saudável. Com a faculdade de medicina, a mudança para São Paulo, a residência médica e o aprendizado, logo revi meus cuidados, pois comecei a ver o corpo como um instrumento para a minha caminhada, então ele precisava estar forte e com saúde.

Muitas vezes o corpo não estará de acordo com os novos padrões impostos pela moda, mas se estiver com o peso adequado, os músculos tonificados e fortes, as articulações preservadas, chegaremos tão longe quanto os nossos sonhos sejam capaz de chegar.

Frequentemente atendo no consultório pacientes que fizeram uso de medicamentos indicados por colegas de academia, que os apresentam como milagrosos, com promessas de fazer os músculos saltarem. Mas não é bem assim. O uso desses medicamentos pode ser muito prejudicial à saúde, e os danos causados ao organismo são irreversíveis, inclusive porque em alguns pacientes esses danos manifestam-se tardiamente.

O que são esteroides?

São compostos orgânicos derivados da testosterona, o hormônio masculino. A produção natural no homem é de cerca de 17 mg por dia e pode ser aumentado pelo estímulo do exercício pesado. As mulheres produzem somente 0,5 mg de testosterona, daí a dificuldade em adquirir massa muscular. Os esteroides são responsáveis pela harmonia das funções primordiais do organismo. Além deles, temos a insulina, o glucagon, os hormônios da tireoide e outros.

Existem três categorias básicas de esteroides:

- **Estrogênio:** hormônio feminino produzido no ovário e encarregado de desenvolver os caracteres sexuais femininos.

- **Androgênio:** hormônio masculino produzido principalmente nos testículos e responsável pela produção das características sexuais masculinas, tais como massa muscular, força, barba, engrossamento da voz, velocidade de recuperação da musculatura, nível de gordura corporal e outros.

∾ **Cortisona:** produzida por ambos os sexos e tem efeito analgésico e anti-inflamatório.

Ambos os sexos produzem estrogênio e androgênio. Embora o primeiro seja predominante na mulher, o ovário e a glândula adrenal produzem pequenas quantidades de androgênios. O mesmo ocorre no organismo masculino, que produz pequena quantidade de estrogênio nos testículos. Os esteroides anabólicos são um subgrupo de androgênios.

Mecanismo de funcionamento dos esteroides

Devo esclarecer primeiro que ninguém sabe exatamente como os esteroides anabólicos funcionam. Segundo, que não me aprofundarei neste assunto, mas vou salientar o que considero mais relevante e útil.

Basicamente, os esteroides são moléculas que se podem incorporar à corrente sanguínea através de administração oral, pelo estômago e intestino, ou injetada. A partir daí, essas moléculas "viajam" pela corrente sanguínea como mensageiras, procurando um local específico para entregar sua mensagem. Esse modelo teórico de receptor de mensagem é denominado *citos receptores*.

Quanto mais esteroides livres houver na corrente sanguínea, mais esteroides estarão disponíveis para os citos receptores.

Outras considerações importantes a fazer:

∾ Algumas pessoas são premiadas com mais citos receptores que outras, e isso é genético.

∾ Parece haver o fechamento dos citos receptores quando determinado tipo de esteroide é muito utilizado.

∾ Há pessoas que têm mais afinidade com certos tipos de esteroides do que outras.

Efeitos colaterais

Diversos efeitos colaterais de longo e curto prazos estão relacionados ao uso de esteroides anabólicos. Efeitos colaterais como calvície e acne não representam ameaça à vida, mas podem ser psicologicamente preocupantes, ao passo que a hipertrofia da próstata é uma consequência que não pode ser ignorada.

Alguns usuários de esteroides anabólicos parecem escapar dos efeitos colaterais, enquanto outros sofrem um ou mais desses efeitos. Tudo depende da predisposição genética, fato que a mídia normalmente não menciona.

Entre os efeitos indesejáveis estão:

- Ginecomastia, ou seja, aumento do tamanho dos mamilos no homem, com pendência e posterior acúmulo de gordura, dando a aparência de seios femininos. A doença é tratável na maioria dos casos somente com cirurgia plástica.

- Perda de cabelos, principalmente em quem tem tendência à calvície, sob pena de ficar calvo em dois meses.

- Aumento de espinhas e cravos decorrente de maior oleosidade da pele.

- Diminuição do tamanho dos testículos e do volume de sêmen.

- Aparecimento de icterícia, ou seja, coloração amarela da pele e das mucosas, causada pela sobrecarga hepática.

- Em mulheres, engrossamento definitivo da voz, aumento do tamanho do clitóris e irregularidade do ciclo menstrual.

- Esterilidade, porém reversível e só instalada durante o uso do esteroide anabolizante.

❧ Alteram a libido, para mais ou para menos, dependendo da pessoa.

Mais uma vez, acredito que, se você treinar sério, com peso adequado e bons exercícios praticados de maneira correta, com boa alimentação e descanso apropriado, não vejo necessidade do uso de esteroides. Mas caso decida usá-los, esteja ciente dos riscos que está correndo e que, em menor ou maior quantidade, os esteroides sempre estão presentes nas drogas.

Hormônio de crescimento (GH)

Este é um dos medicamentos mais discutidos nos círculos de culturistas, embora acessível a poucos, pela dificuldade de obtenção, pelo preço e pelas condições especiais de armazenagem de alguns deles. Mais especificamente, o hGH (somatrofina) é um produto obtido por engenharia genética, idêntico ao hormônio produzido originalmente pela hipófise humana. A princípio, este hormônio era retirado diretamente de cadáveres, mas problemas sérios de contaminação ocorreram. Ao GH (hormônio de crescimento humano) retirado de cadáveres foi relacionado o desenvolvimento de uma doença cerebral rara e fatal, a doença de Creutzfeld Jakob. Isso estimulou a criação de um hormônio sintético, e o GH não se encontra mais no mercado.

Relacionamentos

Relacionamentos

O que a mulher espera de um relacionamento amoroso:

- companheiros carinhosos e compreensivos;
- divisão de tarefas domésticas;
- mesmo nível cultural e financeiro;
- respeito mútuo.

Atualmente a maioria das mulheres já desistiu de esperar a chegada do príncipe encantado. Elas procuram um parceiro que faça parte do seu universo, que queira, por exemplo, ir ao shopping ou passar um final de semana curtindo a natureza. Claro! Porque é preciso que o homem seja sensível, exerça sua masculinidade na hora certa e seja cavalheiro.

Qual é o parceiro ideal para você, o que realmente inspira um relacionamento e transmite a sensação de plenitude e paz? É importante que existam afinidades, uma vez que diferenças sempre haverá e são construtivas, mas em dado momento precisamos saber que estamos olhando a vida pelo mesmo foco.

COMO ANDA O CASAMENTO HOJE

- ❧ O aumento de divórcios no mundo cresce diariamente.
- ❧ Grande número de casamentos é mantido sem amor.
- ❧ As mulheres temem pelos filhos.
- ❧ Algumas não gostam de viver sozinhas.
- ❧ Para o homem é cômodo manter o casamento.
- ❧ Muitos casais avaliam a estabilidade financeira antes de partir para o divórcio.

Uma dor intensa toma conta de mim e eu não sei como fazê--la parar. Dói como um punhal cravado no peito e amarga a minha boca. Um vazio se instala, e um medo maior ainda toma conta de mim, então fico paralisada. Não consegui fazer meu companheiro feliz, não tenho nem sequer outro envolvimento, ninguém a minha espera. A palavra é solidão. Uma solidão fria e escura como uma noite sem lua ou estrelas. Penso no caminho que me trouxe até aqui, nos primeiros anos juntos. Penso no amigo que estou deixando, no pai nem sempre tão presente, mas amoroso. No guerreiro imbatí-vel, que muitas vezes esquece de tirar a armadura que um dia foi obrigado a usar e hoje já nem percebe o seu peso. Penso no bem e no mal, no amor e na amizade, na saúde e na doença, na lealdade e na traição.

Tenho tudo pra ser feliz, mas não sou. Meu Deus, que ser hu-mano sou eu, capaz de mudar a vida de todos só porque penso que não estou feliz? Um ser humano egoísta é o que sou?

R. P. S., 39 anos

Mesmo causando dor e sofrimento, muitos lares são desfeitos atualmente. Homens e mulheres estão buscando algo que na verdade está dentro deles mesmos. A dificuldade nos relacionamentos aumenta com uma velocidade assustadora, pois queremos atenção, carinho, compreensão e respeito, mas é importante lembrar que não existem culpados, já que sempre temos nossas falhas. Não se pode culpar uma única pessoa, pois contribuímos de alguma maneira, mesmo inconscientemente, para os desentendimentos. Afinal, somos seres humanos em aprendizado e geralmente cometemos muitos erros por amor.

Na época de nossas avós, um lar feliz era aquele em que o chefe da casa cuidava de sua manutenção financeira, cumpria seu papel de marido e fiscalizava a criação dos filhos. A função da mulher também era bem definida: conduzir a casa e educar os filhos. Essa mulher podia se considerar feliz e realizada, por ter feito um bom casamento.

O modelo ideal de mulher para a sociedade, durante muito tempo, era baseado na imagem da virgem Maria: doce, meiga, prestativa, pura e servil. Destinada ao lar, à família e guardiã da moral e dos bons costumes. O homem, por sua vez, era responsável pelo sustento e pela segurança de toda a família. Esses valores ainda estão arraigados em nossa sociedade.

As mudanças trazidas pelo novo paradigma impõem outra possibilidade nas relações com o sexo oposto. Conquistar o universo privado não se resume às funções domésticas. Na verdade, a grande revolução masculina é a conquista do afeto. Este novo homem se emociona, isto é, permite-se. Mas, ao mesmo tempo que a mulher deseja um homem mais afetivo, doce e carinhoso, muita vezes ela se contradiz. O erótico e o desejado ainda é aquele que está eternizado no imaginário feminino.

A mulher fala em igualdade, mas esquece que somente assumindo as diferenças isso será possível. É importante olhar os dois lados da moeda. Se o homem exige uma série de coisas, a mulher também o faz. Então, qual é a fórmula? Como agir?

Não há respostas prontas ou conclusões objetivas. O segredo é olhar para dentro de si mesmo, escutar o que se deseja, equilibrar os anseios, assumindo as diferenças. A ideia de procurar a felicidade no outro é errada, mas cômoda, claro!!! Vou encontrar alguém que me fará feliz, adivinhará meus pensamentos, criará situações que me deem alegria e me amará. Com isso, buscamos no parceiro a complementação dos nossos desejos em vez de corrermos atrás da nossa essência. Sim, porque o que queremos sempre esteve bem guardado dentro de nós mesmos. Nunca esqueça isso!

Sexo nos dias de hoje

Como encadernação vistosa,
Feita para iletrados, a mulher se enfeita,
Mas ela é um livro místico e somente
A alguns a que tal graça se consente
É dado lê-la.

Péricles Cavalcanti e Augusto de Campos (a partir de
um poema de John Donne, poeta inglês do século XVII)

Antigamente, pouco se falava sobre o assunto, mas hoje homens e mulheres estão tentando se livrar dos tabus. Porém, apesar da maior liberdade, percebe-se certa tendência ao silêncio, isto é, os casais estão se entendendo menos nas relações. Os papéis foram se modificando, principalmente depois dos anos 1970, e, com essa inversão, as pessoas ficaram meio perdidas. No passado, a mulher dizia amém a tudo e não tinha o direito de expor suas vontades. O panorama mudou, e o homem está tendo que se adaptar a essa nova mulher, principalmente quando se trata de vida sexual.

Uma queixa frequente hoje em dia é a que diz respeito à falta de apetite sexual. E, ao contrário do que se pensava, não só as mulheres apresentam dificuldades nesse aspecto. Os homens também estão passando por esse processo, principalmente neste momento, em que o estresse e a vida agitada das grandes cidades causam desgastes nos relacionamentos.

Atualmente a mulher está mais exigente quanto ao desempenho sexual do parceiro. O universo feminino, para muitos homens, é extremamente misterioso. Alguns não sabem como agradar às mulheres sexualmente, têm dificuldade em ser carinhosos antes do relacionamento sexual, pois julgam mais fácil fazer sexo e depois pensar nos sentimentos. Só que a mulher adora carinho e sedução; ela precisa de um ri-tual de sintonia e vibrações amorosas antes do contato sexual. Todos, porém, podem e devem sentir muito prazer, respeitando as diferenças que existem entre os dois sexos. A mulher, com afinidade, carinho e confiança, pode proporcionar momentos maravilhosos a dois, dando e recebendo amor.

Como sempre, os hormônios interferem diretamente no comportamento sexual de homens e mulheres. Na mulher, fatores psicológicos como confiança, afinidade e intimidade transformam os hormônios em coquetéis sexuais potentes, criando todas as condições para fazer amor. Algumas pessoas apaixonadas já verbalizaram a importância de o companheiro sentir prazer. Na verdade, do prazer que isso pode proporcionar quando você tem a capacidade da entrega.

Existe um mito em relação à vontade de fazer sexo: "o homem tem mais necessidade", ou ainda: "eles possuem maior apetite sexual". Não há nenhum estudo que comprove essa afirmativa, mas a testosterona tem papel importante nessa questão.

O momento que a mulher está vivendo interfere diretamente na sua vida sexual: a tensão no trabalho, o risco de perda do emprego, as dificuldades financeiras, a saúde dos filhos ou familiares. Diferente do homem, que na maioria das vezes usa o sexo como um meio de liberar essas tensões.

Na verdade, os homens fazem sexo:

- para relaxar;
- para ter orgasmo;
- para liberar as emoções;
- por atração sexual;
- por amor.

As mulheres, por sua vez, fazem sexo:

- para conquistar;
- para sentirem-se amadas;
- por amor;
- por atração sexual.

As mulheres possuem um estímulo sexual mais lento que o dos homens, custando um pouco mais para ficar predispostas ao sexo; mas quando estimuladas mantêm essa chama acesa por mais tempo. Já o homem excita-se e chega ao clímax mais rapidamente.

A resposta sexual pode ser dividida em etapas: primeiro o desejo, em seguida a excitação, depois o orgasmo e, por último, o relaxamento.

O desejo está ligado à vontade de ter uma relação sexual. O primeiro passo que vai levar a pessoa a vivenciar o ato sexual.

A excitação apresenta mudanças fisiológicas, como a ereção do pênis no homem e a lubrificação vaginal na mulher, além de rubor na face.

O orgasmo é representado por uma imensa sensação de prazer e desligamento. Para se chegar ao orgasmo, as fases anteriores são fundamentais. Precisa haver o desejo e depois a excitação para que ambos consigam alcançar o ápice.

As pessoas que sentem dificuldade em vivenciar uma dessas fases podem sofrer de disfunções sexuais provocadas por fatores orgânicos, sociais ou emocionais. Conversar com seu médico sobre as possíveis

dificuldades vai ajudar muito a melhorar sua vida sexual. Conhecer seu corpo, seus desejos é o ponto principal para encarar e resolver suas limitações. Assim, você poderá usufruir o prazer.

DICAS PARA AUMENTAR O SEU PRAZER

- ❧ Cultive a autoestima, invista em você. Sentindo-se atraente, com certeza você terá mais vontade de despertar o interesse no parceiro.
- ❧ Conheça seu corpo e as regiões mais sensíveis. A cumplicidade com o companheiro vai ajudar nesta hora.
- ❧ Evite a ingestão de álcool ou drogas.
- ❧ Pratique atividade física (sem excessos) e dê um basta no sedentarismo.
- ❧ Não coloque a culpa no outro pela falta de desejo ou prazer.
- ❧ Converse com o parceiro sobre suas preferências sexuais e dê asas à imaginação.

Atualmente os homens estão muito preocupados com a qualidade e a duração da ereção, chegando até mesmo a utilizar medicamentos que estimulam e aumentam a circulação dos corpos cavernosos, o que proporciona melhor ereção. Homens jovens usam esses medicamentos como um toque a mais para uma noite de prazer, mas não existe afrodisíaco mais potente que aquele que vem do coração.

Um relacionamento sexual é um ato de intensa troca de energia, que envolve sentimentos e emoções. Os grandes amantes estão mais preocupados com a qualidade dos seus relacionamentos do que com a quantidade, porque é preciso envolvimento, emoção e desejo. A cumplicidade é muito importante e faz maravilhas no relacionamento: proporciona ao casal a troca de carícias, dar e receber prazer, além de fazer com que esse momento seja descontraído e divertido. A mulher deseja ardentemente esse companheiro: que faça amor, faça sexo e, principalmente, a faça feliz.

Nunca vou esquecer de um amor que vivi há muitos anos. Ele me marcou pelo carinho, pela intimidade e pela cumplicidade que tínhamos na cama. Costumávamos cair na risada em muitos momentos inusitados, como quando caí da cama na hora "H". Ríamos muito juntos. Quando penso em momentos bons, gosto de lembrar desse dia.

T. A. O., 37 anos

O amor

DE BEM COM A VIDA

O amor é o motivo para tudo que se move. Se não fosse essa poderosa energia – e saibam que acredito piamente nisso –, eu não teria nascido, não seria médica e nunca teria escrito os livros que vocês já leram, muito menos este. Tudo é amor – uma energia divina que gera a vida. O amor nos leva ao crescimento, a realizar nossas metas, nos dá coragem para transpor obstáculos e superar nossos bloqueios.

Este amor a que me refiro é o amor universal, que pode ser por uma pessoa, um ideal, um lugar.

Todos vivem em busca do companheiro perfeito. Contudo, sabemos que pessoas perfeitas não existem – nós mesmos possuímos alguns defeitinhos cuidadosamente guardados. Vejo pessoas muito sozinhas e sofrendo por esperar um momento melhor, só que quando conhecem alguém legal criam um filminho perfeito em sua cabeça, claro que inconscientemente. Visualizam todas as dificuldades resolvidas: "Comigo será diferente; tudo funcionará como um passe de mágica".

Algum tempo depois, passada a paixão e a empolgação inicial, os problemas aparecem mais claramente e não são solucionados com tanta facilidade.

As mulheres costumam ser otimistas em relação ao novo companheiro. Sempre acham que aquilo que não as está agradando logo mudará se compreenderem o parceiro, aceitando-o e tentando fazer a relação dar certo.

Mas o esforço deve ser completo. O parceiro também precisa querer esse relacionamento. Por que só um lado tem de ceder? Tente pelo menos uma vez agir como deseja. Ele também precisa aprender a lutar por você, ou então é melhor que saia de cena. Insistir em um relacionamento falido causa muito sofrimento, principalmente para quem está tentado salvar a relação.

Os homens sabem exatamente o que querem em uma mulher. Quando percebem que elas não possuem o que desejam, se retiram. Já as mulheres geralmente tentam ir se adaptando, sempre querendo que a relação dê certo.

Não existe relacionamento sem dificuldades, sem diferenças, sem aprendizado. Não podemos criar seres humanos da forma como desejamos. Eles vêm prontos, com suas inseguranças, seu passado, suas cicatrizes e seus escudos. É necessário que haja o mesmo foco, uma luz a ser seguida, sem falar na cumplicidade e amizade. O aprendizado será gratificante para os dois e enriquecerá o convívio.

Cada pessoa possui sua chama interna, seu dom natural, suas características. Somos únicos! Você pode conhecer alguém muito parecido comigo fisicamente, por exemplo, mas se chegar mais perto, conversar um pouco mais, verá que igual ninguém jamais será.

Valorizar o que somos, nossos sonhos, vontades e desejos é uma forma de amar. Você viu só que mágico!? Quando o assunto é amor, torna-se tão grande, tão universal, que no final percebemos que ele está ali, às vezes adormecido, mas que existe bem lá no fundo de cada um de nós. Basta sentir e distribuir amor, seja para sua grande paixão, para seu querido amigo ou até mesmo para um desconhecido que precise de um sorriso seu. Assim, com certeza, a vida será bem mais gostosa. Quando se ama, se vive mais. O amor rejuvenesce, traz vida, alegria, faz você sonhar acordado e dá vontade de viver mais e mais.

ESSA TAL FELICIDADE!

Muitas pessoas vivem à procura da felicidade e criam inúmeras expectativas, projetando fases da vida em função desse objetivo. Então projetam desde crianças: "quando eu tiver 18 anos...Quando eu passar no vestibular...Depois que estiver formado, com meu dinheiro só vou fazer as coisas de que eu gosto. Vou criar uma instituição para idosos, vou colaborar com crianças com paralisia cerebral, vou ser voluntário, vou ter mais tempo para mim, vou praticar esportes todos os dias e só vou comer coisas saudáveis".

No entanto, essas pessoas passam a maior parte da vida presas aos padrões que foram sendo formados ao seu redor – em algumas situações pelo trabalho, em outras pelo companheiro, pela sociedade, e assim por diante.

Sem perceber, mudamos nossas metas, adiamos nossos sonhos e colocamos embaixo do travesseiro pensamentos, ideais e amores. Parece que estamos seguindo o caminho que um dia sonhamos, mas na verdade começamos a agir segundo uma receita pronta, talvez um modelo familiar da infância, e, sem perceber, sem a menor ideia do que acontece, fugimos de nossos objetivos, da nossa essência. Conseguimos tudo o que queríamos: status, dinheiro, poder, objetos pessoais valiosos e, mesmo assim, nos sentimos angustiados e infelizes. Os amigos, os conhecidos e a sociedade apoiam, com elogios e admiração, nossas conquistas materiais e profissionais, então pensamos que estamos indo na direção certa. Mas somos fiéis aos nossos sonhos? Gostaríamos realmente de desempenhar dessa forma o nosso papel? Achamos que temos liberdade, mas muitas vezes somos escravos do universo que criamos.

Após 11 anos de quase exílio, depois de muitas vindas frustradas procurando a criança abandonada que ficou pra trás e da qual sinto saudades e quero resgatar, consigo depois de vencer medos, deixando viagens dos sonhos, entrevistas na mídia e, com o coração apertado, os meus filhos. Criei coragem e me permiti voltar a minha terra por alguns dias, pelo simples motivo de querer e precisar. Tendo a coragem de assumir, vou sozinha, vou me achar, me curar, encontrar a minha essência que estou quase perdendo, vou me abrir, seja para alegrias ou para a dor. Desci do avião ansiosa e, quando entrei no táxi, uma alegria interna tomou conta de mim. Uma sensação deliciosa de bem- -estar e PAZ invadiu a minha alma. Fechei os olhos e deixei que toda aquela emoção ocupasse o meu ser, e, mesmo com os olhos fechados, lágrimas rolaram. Pela primeira vez na vida pude sentir o gosto de me amar, da liberdade, da fidelidade aos meus sonhos, ao meu íntimo. A felicidade existe, pensei, estou muito feliz agora e quero aprender muito com isso. Há muitos anos não me sinto assim...

C. O., 35 anos, médica

Momentos como este mostram a importância de ser verdadeiro consigo mesmo e de ter forças para seguir os instintos. A felicidade é real, com certeza, só que não sabemos como manter esse estado sempre, e nos assustamos com ela, porque hoje estamos muito felizes, mas amanhã poderá surgir algum contratempo que nos deixará arrasados. Em muitos momentos de felicidade, o medo vem à tona, pois é sinal de que algum problema virá por aí. E muitas vezes vem mesmo, já que existem ciclos, com picos de felicidade e de infortúnio.

Venho estudando muito a filosofia budista e pude ver quanto ainda tenho a aprender, mas a primeira grande lição é procurar entender esses ciclos e aproveitar ao máximo a alegria e o ensinamento que as dificulda- des trazem, sabendo administrar a situação. Assim seremos mais sábios e felizes. Não podemos deixar que o outro ou fatores externos destruam a nossa vida. Se você não cuidar disso, quem cuidará?

Ninguém pode amá-lo tanto quanto você mesmo, nem cuidar do alimento para a sua alma e mente. É você quem deve zelar pelo seu bem--estar e procurar seguir sua chama interna que brilha diariamente, mostrando que ela está ali, esperando o momento em que você acordará. Só você pode saber o que lhe toca a alma, o que alimenta seus desejos mais íntimos e o que o faz sentir paz. Quando trilhamos o caminho com sabedoria, ouvindo a voz do coração e seguindo os nossos apelos, conseguimos uma força universal e se instala a LUZ. As coisas fluem e parece que estavam lá esperando por nós há muito tempo. Dê vazão aos seus medos e arrisque ser você mesmo. Não tenha esperanças diante da vida, mas fé. As coisas vão acontecer!

Espero que você retome aqueles sonhos que um dia guardou embaixo do travesseiro, lembra? E que perceba como está sua vida e se pergunte: sou feliz? Peço que ouça com amor a sua resposta. Não seja tão rigoroso consigo mesmo, mas caridoso e compreensivo. Sei que pessoas no mundo inteiro estão neste exato momento passando por situações difíceis, seja em relação à saúde, a problemas financeiros ou a dramas familiares, que muitas vezes nos inibem de pensar na possibilidade de admitirmos que não estamos felizes. Contudo, é por meio do autoconhecimento e da busca pessoal que podemos nos amar e impedir que venhamos a sofrer amanhã.

Muitas pessoas ao seu lado podem não perceber seus anseios, mas você sabe quais são. Ame-se muito e procure a sua felicidade; lembre-se de que uma pessoa feliz pode fazer com que muitas outras também fiquem. Aquilo que você procura está aí mesmo, dentro de você.

DESCUBRA A CRIANÇA QUE EXISTE EM VOCÊ

A infância é a fase mais fascinante da vida. Quem de nós, mulheres ou homens, não se depara vez ou outra com nossa criança interior perambulando por nossos pensamentos? E o melhor é que devemos mantê-la viva. É verdade, às vezes essa criança pode mostrar-se insegura

e teimosa, deixando-nos presos a um passado nem sempre muito feliz, mas ela também é capaz de ver belezas que nossos olhos, treinados para o "lógico", não conseguem mais ver.

Vamos crescendo e sendo moldados por nossos pais, pela sociedade, agindo da melhor forma para o nosso crescimento, e ser aceito é o grande desafio. Aceito no colégio, no grupo de amigos, no padrão do momento, pelo sexo oposto, no vestibular. Quando chega a hora de enfrentarmos a universidade, nem sempre estamos preparados para ela e nos deparamos com o mercado de trabalho. Concorrências, alguns escorregões e, de repente, quando nos sentimos fortes o suficiente, temos de lidar com inúmeras couraças, que pensamos ser capazes de nos proteger de quase todos os males que possam atingir nossa alma e nosso coração, mas que também impedem a entrada de sentimentos como amor, solidariedade, carinho, interesse pelo próximo. E assim vamos nos sentindo cada dia mais limitados, mais sozinhos e isolados.

Muitos chamam isso de maturidade, e nossas crianças, infelizmente, ficam precocemente maduras, perdem a ingenuidade e a substituem por uma visão muitas vezes fria da vida. Costumo falar para a minha filha Carol, de 10 anos, que ela viva cada fase com a tranquilidade de ser criança; que ela terá o resto da vida para ser uma mulher adulta. Quando ela pergunta o que eu gostaria que ela fosse quando crescesse, eu sempre respondo: "Quero que você seja muito feliz!".

Privilegiado é aquele que mantém seus sonhos vivos, seu lado criança descalço, rolando na areia da praia, brincando com seus super-heróis e trazendo nos olhos um brilho mágico. Crianças são seres encantados. Para elas, não existem ricos, pobres, azuis ou amarelos, mas amizade, amor e um desejo de conhecer mais – mais lugares, mais pessoas, mais "amigos", como dizem meus filhos.

Lembro quando estávamos passeando no litoral da Bahia, na Praia do Forte, e meu filho de 3 anos, ao passar por uma casinha muito linda, amarela e branca, com um jardim florido e pés de fícus ao lado da cerca, ficou maravilhado, não resistiu e quis entrar. Só que nesse jardim havia pessoas que nós não conhecíamos, e quando falei: "Filho, não conhecemos essas pessoas", ele disse: "É só entrar e perguntar o nome delas!". Fico encantada de ver como tudo parece simples aos olhos puros da infância.

Crianças adoram carinho, e inúmeros estudiosos já descobriram que tocar os bebês com as mãos fazem com que tenham um desenvolvimento melhor e mais rápido. À medida que vamos crescendo, muitos de nós mantemos uma postura de resistência ao mínimo contato ou toque, chegando a contorcer o corpo para demonstrar o nosso desconforto quando o contato parece inevitável. Em centros mais desenvolvidos, onde as pessoas mal se falam e estão sempre apressadas, competindo, passando umas por cima das outras para atingir suas metas, esse tipo de contato diminui ainda mais. Cada indivíduo desenvolve uma espécie de raio invisível protetor que mantém seu território. É verdade que nos dias de hoje, com tanta violência nas ruas, esse comportamento nos protege. Infelizmente, muitas vezes levamos esse distanciamento das ruas e do ambiente de trabalho para nossos lares, sem perceber que os maiores prejudicados somos nós mesmos.

Famílias que mantêm o hábito de trocas de carinho espontâneas, abraços e conversas afetuosas resolvem seus problemas mais difíceis com diálogo e apoio, superam altos e baixos, aumentando o elo entre elas. Criei o hábito de massagear meus filhos quando eram bebês e atualmente trocamos nossos aprendizados. Um dia desses cheguei no quarto da minha filha, e meu filho de 3 anos estava com um óleo essencial massageando as costas dela, pois ela se queixara de ter chegado cansada do colégio. Achei muito lindo aquela figurinha perguntando se estava sendo bom, se ela já se sentia melhor. Espero que cresçam assim, entre rusgas de irmãos e trocas de carinho.

É tão gostoso o toque, o calor das mãos! Na verdade vamos crescendo e limitando esses contatos. Pensamos que, se baixarmos a guarda, seremos alvos fáceis. Porém nem sempre recebemos o que damos. É claro que muitas vezes vamos nos decepcionar, ser traídos, mas jamais devemos desperdiçar as oportunidades que a vida nos dá de ser felizes, de amar, de crescer e correr riscos. Faz parte do crescimento. É muito gratificante ver a transformação dessas pessoas, quando em busca de algo que na realidade nem sabem descrever, mas que está bem no seu íntimo, e certamente elas podem tomar posse dessa luz.

O SEXO MUDA COM O PASSAR DOS ANOS?

A maneira de ver o sexo muda com o tempo. Não estou dizendo que as pessoas param de fazê-lo, muito pelo contrário. Alguns casais se imaginam velhinhos ainda namorando. Muitas mulheres, com o passar dos anos, criam o mito de que o sexo acaba. Eu ouvi um dia desses a seguinte frase: "Melhorou muito! Agora nós temos muitas tardes".

O sexo é bastante discutido em todas as idades, e sabemos que quase sempre é um assunto complexo. Casais que possuem a famosa química de pele mostram que superam as dificuldades com maior facilidade do que outros que não usufruem uma boa vida sexual. Parceiros com vida sexual ativa costumam preocupar-se com a saúde, o peso, querem continuar jovens e saudáveis, pois possuem o estímulo de dar e receber prazer.

Um estudo jornalístico europeu publicado há alguns meses mostrou que a frequência sexual não diminui com a idade. A pesquisa incluiu pessoas de 60 a 91 anos, e a frequência de relações sexuais média era de uma vez por semana. Este estudo desafia a crença popular de que o idoso não tem vida sexual. Pode diminuir o vigor, mas não o deleite e a satisfação. Se nos cuidarmos, todos nós poderemos apostar nisso para a maturidade.

O que muda sexualmente na mulher com a idade

- ❧ É necessário mais tempo para responder à estimulação sexual.
- ❧ A lubrificação é menor e geralmente demora mais.
- ❧ A vagina tem menor elasticidade do que em mulheres mais novas.
- ❧ Após os 60 anos, o clitóris regride, mas mantém a resposta à estimulação.
- ❧ Os orgasmos são geralmente mais curtos e menos intensos.

O que muda sexualmente nos homens com a idade

- ❧ A ereção pode demorar mais tempo e não ser tão vigorosa ou firme como antes.

- A ejaculação é menor e não é muito intensa.
- O volume do sêmen é menor.
- É necessário mais tempo para ter uma nova ereção.

Desperte o desejo sexual

- Comece sua vida sexual com um bom dia.
- Dê um abraço gostoso – é sempre bem-vindo.
- Crie uma atmosfera aconchegante, com música e iluminação suave.
- Relaxe em uma banheira com sais aromáticos.
- Acaricie seu corpo.
- Troque massagens corporais com seu parceiro usando óleos essenciais.
- Faça amor em horários diferentes dos habituais.
- Troque a cama por outro local mais excitante de vez em quando.

OS BENEFÍCIOS DO SEXO

- Aumenta a autoestima.
- Faz com que você se sinta mais jovem.
- Acelera o metabolismo.
- Propicia momentos de trocas de carinho.
- É relaxante.

COM A SAÚDE EM DIA

O sexo realmente é um excelente motivo para manter a boa forma e a saúde durante toda a vida, pois permitirá uma atividade vigorosa e feliz. Quando a relação sexual não vai bem, principalmente quando o casal está junto há muitos anos, várias perguntas são inevitáveis. "Será que não gosto mais do meu parceiro? Será um problema fisiológico ou psicológico?" O inevitável acaba acontecendo: o casal se distancia, e a relação esfria cada vez mais. Algumas mulheres buscam fatores externos para explicar a falta de desejo. E essas causas não devem ser descartadas. O acúmulo de tarefas diárias é um deles. Mãe, mulher, amante, profissional. Muitas mulheres vão se identificar com essa situação. No final, nos sentimos sobrecarregadas e com tantas tarefas a cumprir que algum lado sempre fica prejudicado. Volto a dizer: não existe supermulher. No dia a dia todas somos iguais, com nossos anseios, inseguranças, dúvidas e medos. Muitas vezes, a cobrança vem de nós mesmas.

No caso dos homens, quando ocorre a impotência é sinal de que alguma coisa não está bem: nível de estresse elevado, ingestão de medicamentos inadequados e até alterações neurológicas, vasculares ou da própria estrutura peniana.

Em se tratando de impotência sexual masculina, cerca de 70% dos problemas são de origem emocional. Esta incidência é maior quanto mais jovem for o indivíduo. Após os 50 ou 60 anos predominam a impotência por causas orgânicas como:

- neuropatia;
- falta de testosterona;
- arteriosclerose;
- disfunção veno-oclusiva;
- doença de Peyronie;
- diabetes.

Observação: Oriente seu parceiro a procurar um médico urologista e fazer exames periódicos para que sua saúde seja preservada e seja estabelecido um diagnóstico adequado, pois hoje a medicina evoluiu muito e pode ajudá-lo.

Fortaleça a musculatura da região pélvica

Manter a região do períneo fortalecida traz inúmeros benefícios:

- Aumenta o prazer durante o ato sexual.
- Diminui os riscos de prolapso do útero.
- Evita a incontinência urinária.

Como fazer

- Contraia os músculos da região pélvica por três segundos no início, depois relaxe por três segundos (como se fosse interromper a urina).

- Concentre-se nessa musculatura, evitando contrair o glúteo e o abdome. No início pode ser difícil, mas com o tempo será natural. Aumente o tempo para cinco segundos.

- Agora contraia e relaxe a musculatura o mais rápido que puder, repetindo dez vezes esse movimento.

- Depois contraia firmemente a mesma musculatura. Mantenha-a contraída por cinco segundos.

- Fique na posição de cócoras por cinco segundos, contraindo a musculatura de todo o períneo e forçando mais a região da frente.

Você pode conferir a sua evolução interrompendo a urina e soltando-a. Verá que com o tempo o exercício se tornará mais fácil. Faça este exercício duas ou três vezes por semana, no início em casa, e depois você verá que pode realizar esse estímulo muscular em qualquer lugar.

Comece agora esse trabalho muscular. Não importa a idade, pois com certeza você será beneficiada em relação a sua saúde e sexualidade.

ALGUMAS DICAS PARA SE MANTER SAUDÁVEL E ATIVO SEXUALMENTE

- não fume;
- pratique esporte;
- durma bem;
- mantenha o peso equilibrado;
- controle a pressão arterial;
- não use drogas.

MEDICAMENTOS QUE PODEM AFETAR O DESEMPENHO SEXUAL

- tranquilizantes;
- antidepressivos;
- alguns medicamentos para hipertensão arterial;
- medicamentos para o controle do colesterol;
- medicamentos para tratamento da próstata;
- medicamentos hormonais;
- álcool;
- nicotina;
- anfetaminas.

Mude seu destino. Viva mais!

- Escolha um estilo de vida mais saudável.
- Faça exames periódicos.
- Use os medicamentos prescritos por seu médico.
- Pratique atividades físicas.

Existem maneiras de driblarmos a idade, e quase todas elas estão bem próximas a você. Não esqueça de visitar o médico regularmente –

ele saberá os melhores métodos diagnósticos e tratamentos para mantê-lo mais saudável e feliz.

PARA LEMBRAR!

Fatores que interferem na saúde:
1. Hábitos de vida: 51%.
2. Hereditariedade: 20%.
3. Condições ambientais: 19%.
4. Outras causas: 10%.

- A evolução do ciclo de vida saudável deve ser marcada pela redução de riscos e pela prevenção.

- Os antecedentes hereditários precisam ser encarados como um sinal de alerta para o nosso futuro.

- O processo de envelhecimento acontece diariamente, e cabe a nós diminuirmos as interferências negativas. Assim poderemos retardar ao máximo esse processo, vivendo mais e melhor.

O que muda em nosso organismo com o tempo

Saiba o que muda com o passar dos anos em nosso organismo, principalmente quando se vive mais tempo:

Pele

- ❧ Diminuição da produção do colágeno, perda da elasticidade.
- ❧ Surgimento de pigmentação.

Alterações: câncer de pele, manchas, rugas, flacidez.
Como evitar: proteção solar nas regiões expostas como mãos, pescoço, colo, braços etc.

Sistema hormonal

- ❧ Diminuição brusca nas mulheres.
- ❧ Diminuição gradativa nos homens.

Alterações: menopausa nas mulheres, impotência nos homens.
Como evitar: exercícios regulares, alimentação saudável.

Olhos
- Opacidade do cristalino.
- Diminuição da sensibilidade da retina.

Alterações: catarata, degeneração da mácula.
Como evitar: uso de óculos de sol, cuidados com a pressão arterial, atenção com a obesidade.

Cérebro
- Diminuição da irrigação sanguínea.
- Morte das células, prejudicando o tecido cerebral.

Alterações: perda de memória, doença de Parkinson, doença de Alzheimer, AVC.
Como evitar: exercícios físicos, atividade mental, manutenção do peso normal, hábitos antitabagistas, baixa ingestão de gordura animal, uso de óleos de peixe.

Coração
- Fadiga do músculo cardíaco, principalmente quando há elevação da pressão arterial.

Alterações: angina de peito, doenças das artérias coronárias, ataques cardíacos.
Como evitar: hábitos antitabagistas, dieta equilibrada, atividade física, ingestão de pouca gordura animal.

Artérias
- Diminuição do calibre quando há acúmulo de gorduras.

Alteração: arteriosclerose.
Como evitar: seguir as mesmas recomendações para o coração.

Pulmão

- Perda de elasticidade.
- Problemas respiratórios.

Alterações: enfisema pulmonar, doença pulmonar obstrutiva crônica (DPOC).
Como evitar: seguir as mesmas recomendações para o coração.

Ossos

- Mais finos e frágeis.

Alterações: fraturas, compressão das vértebras.
Como evitar: boa alimentação, fortalecimento da musculatura com atividades físicas.

Articulações

- Desgaste.
- Processos inflamatórios.

Alterações: artrite, polimialgia reumática.
Como evitar: manutenção do peso em relação à altura, atividade física.

Dentes

- Diminuição das gengivas.
- Retração do maxilar.

Alterações: perda de dentes, dentina sensível e exposta.
Como evitar: boa higiene oral, visitas ao dentista a cada seis meses.

Orelha

- Menor ou maior sensibilidade que o normal.

Alterações: perda da audição, doença de Menière.

Como evitar: cuidados com o excesso de barulho, principalmente na juventude.

Sistema digestivo

- Menor absorção dos alimentos.
- Diminuição da produção do suco gástrico.
- Diminuição das enzimas digestivas.

Alterações: gases, trombose, neoplasias.

Como evitar: ingestão de bastante água e de alimentos ricos em fibras, caminhadas.

Ame-se sempre

Ame-se sempre

Sentir-se bela é algo difícil de explicar, porque implica uma ligação muito íntima com a autoestima, a vida em sociedade, em família e com o ambiente profissional. Quando falo do belo não me refiro a uma beleza obcecada, presa a padrões impostos pela mídia, e sim de uma beleza que começa no olhar e reflete no espelho. Atendo diariamente muitas pacientes de todas as idades e personalidades, todas elas com o mesmo desejo: ficar sempre belas ou muito mais belas. Os motivos são inúmeros, como amor-próprio, vaidade, aumento da autoestima, desilusões e, muitas vezes, o desejo de aprender a arte de se amar.

Maravilhosa, gentil, elegante, sincera, sutil, espirituosa, profissional e, principalmente, humana!!! Essas palavras traduzem apenas o início do infinito conjunto de adjetivos que podem ser atribuídos à dra. Carla Góes Souza Pérez, de longe uma das pessoas mais especiais e humanas que tive o prazer de conhecer.

Ela é uma pessoa extremamente sensível (mas também muito forte), que desperta em nós, mulheres, uma vontade incrível de transformar aquilo que nos faz mal em coisas boas, bacanas e realmente benéficas para nós mesmas.

A primeira vez que entrei em sua clínica, sentada na recepção, imaginei que iria encontrar apenas mais uma médica, mecânica demais, óbvia demais, fria demais... Como minha autoestima estava muito baixa, tudo o que eu queria era que aquela consulta acabasse o quanto antes, para que eu não sentisse culpa em desistir do tratamento antes mesmo de ele começar.

Eu estava com 31 anos, vivendo uma supercrise no relacionamento, o que havia me deixado extremamente deprimida, triste, desestimulada e com profundas cicatrizes no coração.

Eu precisava recuperar minhas forças para cuidar do meu lindo filho de um ano e meio (Victor) e ainda dar conta do trabalho, que exige que sempre estejamos centrados e muito bem-dispostos.

Naquele momento, cuidar da vaidade não era uma das minhas prioridades. Quando o que nos cerca é um turbilhão de emoções, decepções e preocupações que vão além do normal, temos a mania de nos tornar muito introspectivos, e deixamos tudo para amanhã, depois de amanhã... Na verdade, dá até um sentimento de culpa pensar em cuidar do corpo quando o que se quer mesmo é curar a alma.

Mas a grande surpresa veio depois, quando entrei em sua sala e fui recebida muito carinhosamente. Quando percebi, não só tinha falado tudo sobre minha vida como também tinha exposto todas as minhas fragilidades, decepções e minha grande frustração de não conseguir reverter aquela situação amarga que estava vivendo.

Nos momentos mais difíceis da nossa vida, sempre esperamos que alguma solução caia do céu, faça uma revolução nas emoções. Mas a realidade é muito diferente: a gente só consegue realmente mudar alguma coisa se houver um grande empenho e um compromisso com nós mesmos para que tudo possa ser modificado. E também um estímulo especial, como a própria dra. Carla.

Ela se tornou não apenas uma médica que cuidava da minha parte estética... Ela se tornou uma parte imprescindível no processo de recuperação da minha autoestima. Posso dizer com toda certeza que a dra. Carla, com seu jeito todo meigo, sofisticado e tranquilo, foi a responsável pela retomada da minha vida!

Ela me ouviu, me fez ver a vida de um ângulo muito mais colorido, tranquilo e descomplicado, e me fez ver que cada coisa acontece no seu tempo. Me fez sentir menos culpada por me preocupar comigo mesma e fez com que todas as cicatrizes da minha alma fossem removidas (e olha que nesta parte ela nem usou laser!!!).

Um grande beijo. Te adoro.
Drica Oliveira, 32 anos, jornalista.

DE BEM COM O ESPELHO

Para que você tenha uma pele bonita, luminosa e saudável é importante que saiba qual é o seu tipo de pele, porque assim saberá qual a melhor maneira de mantê-la, podendo lançar mão dos seus aliados naturais. A pele oleosa, mista ou seca necessita de cuidados específicos, que mudam de acordo com a estação do ano. A avaliação médica é muito importante, pois nela você saberá como sua pele está, se existe fotoenvelhecimento, manchas, elasticidade, hidratação e se está compatível com a sua idade biológica.

Seja qual for o seu tipo de pele, existe sempre uma maneira de tratá-la. Com alguns cuidados diários, você poderá tornar sua pele melhor e mais bonita.

Tipos de pele

Classificada de acordo com o nível de umidade e oleosidade na superfície, a pele pode ser diferenciada por três tipos:

❧ Pele oleosa (lipídica)

De textura grossa, geralmente brilhante e untada, a pele oleosa apresenta poros dilatados, pontos pretos (cravos) e poucas linhas de expressão.

❧ Pele seca (alípica)

Tem textura fina, muitas vezes opaca e escamada. Seus poros são difíceis de ver, pois se apresentam demasiadamente fechados. As rugas aparecem precocemente por causa da falta de elasticidade, maciez e ausência de oleosidade.

Observação: Quem tem a pele muito seca deve evitar a limpeza matinal, que pode ser substituída por higienização com água termal.

❧ Pele mista

Sua característica mais relevante é a oleosidade na região conhecida como *zona T*: testa, nariz e queixo. É seca nas demais áreas: maçãs do rosto e ao redor dos olhos. Deve ser limpa com delicadeza, lembrando que, apesar de a *zona T* ser extremamente oleosa, as outras áreas requerem proteção e reposição da umidade perdida.

Todas as mulheres desejam olhar-se no espelho e ver uma pele linda e que valorize seu rosto, não é verdade? Inclua no seu dia a dia o hábito de cuidar da pele. Ela pode ser melhorada e ter uma textura aveludada com rituais pequenos e rápidos. Assim você irá pouco a pouco deixando sua pele bonita e com frescor.

Rejuvenescimento facial

Com o passar dos anos, as rugas e linhas de expressão tendem a aparecer. Os sinais do tempo são inevitáveis e devem ser encarados de forma natural. Tenho certeza de que cada marca conta um pouco da sua história, vivência e experiência de vida. No entanto hoje, com o avanço da medicina, é possível melhorar e prevenir os efeitos do envelhecimento.

Como se formam as rugas?

As rugas são sulcos formados na pele que surgem com o processo de envelhecimento. Podem ser formadas por excesso de mímicas faciais, que são contrações musculares constantes. Geralmente aparecem em lugares onde existe a repetição dos movimentos, como ao redor dos olhos e na testa. Estão relacionadas também ao excesso de exposição solar.

O que causa a flacidez facial?

O colágeno é uma proteína natural, fabricada pelo nosso organismo, que compõe 90% da pele. É responsável pela sustentação, elasticidade, firmeza e viço da pele. Porém, com a ação do tempo, sua estrutura é alterada. Normalmente as moléculas do colágeno se organizam em feixes paralelos, que deslizam uns sobre os outros, dando à pele elasticidade e lisura. No processo de envelhecimento essas ligações químicas ficam mais ásperas, tornando o colágeno pouco elástico. O sol também prejudica a pele, pois estimula a produção de uma enzima que ataca o tecido adiposo das células cutâneas, liberando o ácido araquídico envolvido nos processos inflamatórios, o que faz acelerar ainda mais o envelhecimento facial.

Veja a seguir os rituais que ajudarão a manter sua pele bonita e saudável por muito mais tempo.

Limpeza

Este momento do dia é fundamental, e você pode realizar em pouco tempo uma higienização adequada.

❧ Pele oleosa

Deve ser higienizada para retirar a produção do sebo que foi produzido durante a noite pelas glândulas sebáceas.

Opte pelo uso de sabonetes líquidos ou gel espumante, que são bons para este tipo de pele.

❧ Pele seca

É preciso dar muita atenção à limpeza desse tipo de pele. Recomenda-se uma higienização suave, que a proteja da desidratação. Os cremes de limpeza estão muito bem adaptados à pele seca, deixando-a com frescor, pois, como são ricos em hidratantes ativos, formam uma leve película protetora. É indicado o uso de um tônico para completar essa etapa.

❧ Pele mista

Prefira produtos de limpeza como gel espumante, que deixa a pele perfeitamente limpa e é muito bom para esse tipo de pele.

Retirando a maquiagem

Quando for fazer a limpeza à noite e estiver maquiada, o ideal é que você use um demaquilante em forma de leite. Esses produtos retiram a maquiagem, hidratam e suavizam a pele. Após o uso do leite de limpeza, umedeça o algodão com um tônico para completar o processo, retirando qualquer resíduo.

Esfoliação

É uma maneira natural que a epiderme encontra para eliminar as células mortas, mas muitas vezes é necessário ajudar um pouco a natureza. O ciclo de renovação da pele acontece entre 20 e 27 dias quando se é jovem e diminui com a idade. Com as agressões como sol, poluição etc., as células multiplicam-se como forma de defesa, tornando a pele grossa.

Existem várias maneiras de realizar uma esfoliação:

- com receitas caseiras;
- com produtos fabricados;
- em clínicas especializadas.

Saiba qual o seu tipo de pele para escolher o produto adequado. Informe-se com um profissional.

- Existem esfoliantes com grânulos e ácidos de frutas ou sem grânulos.
- Para a pele do rosto é importante que os grânulos sejam menores.
- A regularidade da esfoliação depende do tipo de pele.
- As peles secas devem ser esfoliadas duas vezes ao mês.
- As oleosas e mistas uma vez por semana, principalmente na região da testa, do queixo e do nariz, onde a oleosidade é maior.
- Nunca esfolie a região dos olhos.
- É importante fazer regularmente um tratamento esfoliante.

Os esfoliantes devem ser espalhados suavemente no rosto e com movimentos circulares, a fim de que o rosto todo seja massageado. Os grânulos devem deslizar pela pele, retirando as impurezas dos poros e eliminando as células mortas. Você também se beneficiará com o estímulo causado pela massagem, que ativa a microcirculação, aumentando as trocas intercelulares, além de deixar a pele mais bonita.

Área dos olhos

O contorno dos olhos é uma região muito delicada, pois a espessura da pele é extremamente fina e frágil. É exatamente nesta área que aparecem os primeiros sinais da idade.

O envelhecimento faz com que o tecido dessa região fique ainda mais frágil e flácido, além de ocorrer a diminuição da microcirculação local. Alguns fatores acentuam esse quadro de envelhecimento:

❧ cigarro;

❧ má alimentação;

❧ sono inadequado.

A ordem é descongestionar

Veja como cuidar de pálpebras pesadas, olheiras e rugas:

❧ Para não sair de casa com os olhos inchados, use as águas termais. Pulverize todo o rosto e coloque discos de algodão embebidos com o mesmo líquido, deixando agir por aproximadamente 20 minutos.

❧ Máscaras frias também podem ajudar, refrescando os olhos.

❧ Compressas com chá verde gelado podem ser colocadas sobre os olhos para melhorar o aspecto.

❧ Finalmente é indicado o uso de cremes ou séruns tensores com efeito lifting.

Observação: Tratamentos médicos como a toxina botulínica e a luz pulsada fazem maravilhas nessa região.

TENHA O SOL COMO ALIADO

Todos nós já estamos cansados de ouvir que o sol prejudica a pele, causa câncer, envelhece, provoca queimaduras, manchas, sardas etc. Só que, como vivemos em um país em que felizmente o sol brilha a maior parte do tempo, muitas vezes temos dificuldade em manter os cuidados diários com a exposição solar.

Não pensem que não gosto do sol. Ao contrário, acho extremamente prazeroso fazer caminhadas em uma manhã ensolarada, e, se for em frente ao mar, melhor ainda. Quem não gosta de acordar com um dia bonito, o céu claro e o sol brilhando? Contudo, é importante lembrar que alguns cuidados devem ser tomados para que o sol não cause danos à pele. E quando falo pele é a região que está exposta às radiações solares, como colo, pescoço, braços, mãos, e não apenas o rosto, como pensamos.

Como agem os raios solares

Quando atingem a pele, os raios solares UVB danificam a epiderme, que é a primeira camada da pele, podendo causar cânceres de pele e as queratoses solares. Já os raios solares UVA, que estão diretamente ligados ao envelhecimento cutâneo, agem na derme, que é a segunda camada da pele, atingindo diretamente o tecido elástico, justamente onde estão localizadas as fibras de colágeno e elastina. Essa mesma radiação UVA é responsável pelo bronzeamento da pele, sem causar queimaduras, como é comum na exposição solar com radiação UVB.

A radiação UVC não oferece perigo imediato, já que é totalmente absorvida pela camada de ozônio, que nos protege das radiações solares.

Atualmente estamos observando várias patologias causadas pelas radiações. O efeito do sol é acumulativo, e algumas de suas consequências só serão vistas muitos anos após a exposição solar, principalmente o envelhecimento da pele.

O excesso de exposição solar é um dos principais fatores do surgimento do câncer de pele. As regiões do corpo mais expostas ao sol têm maior propensão a adquirir essas lesões. Pessoas de pele e olhos claros possuem maior predisposição ao câncer de pele, ao contrário do que acontece com pessoas de pele mais morena.

Hoje, com a comprovação dos danos causados à saúde da pele pela exposição solar, médicos e indústrias farmacêuticas e de cosméticos estão preocupados em associar a proteção solar aos principais produtos utilizados, como hidratantes, maquiagem e xampus com filtro solar em suas formulações.

Fazendo bom uso do sol

O sol que agride a pele também é benéfico quando bem aproveitado. Por exemplo: os raios UVB estimulam a produção da provitamina D3, encontrada na epiderme em forma de vitamina D e importante no tratamento e na prevenção da osteoporose e do raquitismo. Além disso, aumentam a absorção pelo intestino do cálcio que ingerimos e melhoram a circulação sanguínea por causar vasodilatação, estimulando a produção da hemoglobina.

Existem algumas patologias dermatológicas como o vitiligo, em cujo tratamento os banhos de sol são indicados. Claro que é importante que seja escolhido o horário adequado, como veremos a seguir.

Usando corretamente o filtro solar

Quero começar explicando que apenas o uso do filtro solar não é suficiente para que se possa tomar sol à vontade. É importante observar o horário de exposição solar. O horário em que o sol é menos agressivo é até as 10 horas e após as 16 horas.

Existe uma grande quantidade de produtos para a proteção solar, com vários fatores de proteção e específicos para cada tipo de pele. Não podemos abrir mão dos cuidados diários, como o uso de filtro solar, chapéus, óculos, viseiras e guarda-sóis, quando ficamos expostos diretamente à radiação solar, como na praia ou na piscina. O uso de protetores solares e bonés também é importante antes da prática de exercícios físicos ao ar livre.

A maioria das pessoas ainda não tem como hábito o uso do filtro solar quando estão em lugares fechados. Mas muitas vezes estão protegidas apenas por uma janela de vidro, por onde passam os raios ultravioleta, como é o caso do carro. Um dia desses fiquei feliz ao ver no trânsito um carro ao lado do meu em que uma mulher jovem aproveitou o farol vermelho para passar o filtro solar no rosto, nos braços e nas mãos. Então pensei: finalmente estamos avançando na prevenção.

Como escolher o melhor filtro solar para a sua pele

Os filtros solares foram desenvolvidos com a finalidade de proteger a pele das radiações solares, evitando as reações imediatas e futuras. É importante que, ao escolher um desses produtos, você avalie, além da textura, do aroma e da cor, se eles possuem também proteção para as radiações UVA e UVB.

Os filtros solares podem ser:

❧ Químicos

Absorvem energia sem deixá-la passar para a pele. Sua eficácia deve ser mantida por períodos prolongados, deve ser resistente à água e não deve manchar as roupas nem a pele.

❧ Físicos

São opacos e formam um revestimento na pele que reflete a luz e as radiações ultravioleta. A maioria deles é visível na pele.

O filtro solar deve ser escolhido de acordo com o seu tipo de pele, levando-se em consideração a oleosidade ou o ressecamento, além do tipo de exposição solar a que você é submetido diariamente. Pode ser industrializado ou manipulado de acordo com formulações médicas.

TIPOS DE PELE QUANTO AO FOTOTIPO (SENSIBILIDADE), DE ACORDO COM A CLASSIFICAÇÃO DE FITZPATRICK*:

Tipo I	Sempre queima, nunca bronzeia.
Tipo II	Sempre queima, bronzeia pouco.
Tipo III	Às vezes queima, sempre bronzeia.
Tipo IV	Nunca queima, sempre bronzeia.

---

* Dr. Fitzpatrick, dermatologista americano, autor da mais conhecida classificação dos tipos de pele.

Essa classificação é utilizada para identificar o tipo de pele e saber quais as possíveis reações quando expostas ao sol, assim como o grau de sensibilidade – característica individual que pode apresentar alterações.

As peles mais claras são as que geralmente queimam, até mesmo em uma caminhada ao sol. Necessitam do uso diário de um fator de proteção maior que as peles morenas (FPS 20 a 30).

As peles mais morenas podem ser protegidas por filtros de fatores mais baixos (FPS 15).

Maquiagem com filtro solar

Atualmente já podemos encontrar algumas maquiagens com proteção solar. Esses produtos começaram a ser muito procurados, principalmente pela vantagem de possuírem tonalizantes de pele, conhecidos como base. Eles mantêm a pele com coloração suave e uniforme, além de protegê-la contra as radiações solares. O ideal é que sejam escolhidos fatores de proteção entre 15 e 20.

Autobronzeantes

Mesmo sabendo dos riscos causados pela exposição solar, você continua achando lindo um corpo bronzeado e não imagina viver sem ele? Então use um método seguro, que não cause fotoenvelhecimento. Você pode aprender a maneira correta de usar os autobronzeantes, que hoje podem ser encontrados em forma de gel, spray, musse, loções e cremes, em vários tons e com maior durabilidade.

Uso correto:

- É importante que seja feita uma esfoliação do corpo para retirar a camada de células mortas e uniformizar a pele.

- Se você gosta de ter pelos dourados, é melhor usar o descolorante logo após a esfoliação da pele.

❧ A aplicação deve ser feita em um momento tranquilo, por você ou de preferência por outra pessoa, para que possa espalhar o produto nas costas.

❧ Não interrompa a aplicação, pois correrá o risco de manchar a pele.

❧ Tenha cuidado ao aplicar o produto nos cotovelos, joelhos e tornozelos, pois a pele dessas regiões pigmenta facilmente e pode ficar mais escura do que o restante do corpo.

❧ Não se esqueça de passar no dorso das mãos, caso contrário ficarão diferentes do tom do braço.

❧ Espere aproximadamente 20 minutos para vestir a roupa; o ideal é ficar sem nenhuma peça nesse período.

❧ Nunca se esqueça de lavar as mãos após a aplicação, pois, caso esqueça, podem ficar amarelas.

O tom pode variar do dourado até o moreno mais intenso. O ideal é reaplicar a cada três ou quatro dias, para manter o bronzeado. Aconselho cautela ao usar no rosto, pois pode acentuar algumas manchas antigas. Nesse caso é melhor optar por bases líquidas em tons bronze, que ficam naturais e muito bonitas.

Desvantagens

❧ O trabalho de passar às vezes desanima.

❧ Alguns possuem um cheiro forte de coco.

❧ Podem manchar sutiãs e calcinhas.

Bronzeamento

Realmente você pode conseguir em pouco tempo um bronzeado bonito, mas as câmeras que possuem radiação UVA e UVB me preocupam, porque podem provocar manchas e câncer de pele, além do fotoenvelhecimento.

O bronzeamento pode ser melhor do que se expor ao sol durante vários dias de férias, por exemplo.

Cautela em relação ao sol é sempre bom.

Dicas:

- Os primeiros contatos com o sol serão fundamentais para a sua pele no futuro, por isso as crianças devem realmente usar o máximo de proteção solar e repô-la continuamente, após entrar no mar ou na piscina, além de respeitar o horário saudável de exposição.

- Sempre passar o filtro solar 30 minutos antes da exposição solar e fazer a reposição a cada 1 hora ou pós-transpiração excessiva, mergulho no mar ou na piscina.

- Mesmo com o uso do filtro solar, deve ser evitado o horário das 10 às 16 horas. Os raios UVB podem causar queimaduras.

- Nunca esqueça de usar viseiras, chapéus e óculos, pois mesmo que a proteção seja parcial, não deixa de ser importante.

- O uso de guarda-sol também é necessário.

- O mormaço age igualmente sobre a pele, chegando a causar queimaduras.

- O sal do mar ajuda a absorver as radiações solares, o que intensifica sua ação, aumentando o bronzeamento pela possibilidade de pigmentar a pele, e pode causar queimaduras.

❧ Contraceptivos e implantes hormonais tendem a aumentar a pigmentação da pele, principalmente se exposta ao sol. Alguns antibióticos também.

Pequenas poções mágicas

COMO FUNCIONAM OS PRINCÍPIOS ATIVOS DOS COSMÉTICOS

O sonho de toda mulher é encontrar numa prateleira a poção mágica que vai manter sua pele jovem, bonita, lisinha e luminosa. Algo que lembre os tempos áureos, onde linhas de expressão eram preocupações muito distantes. Lembre-se de que os cuidados, quanto mais precocemente tomados, podem sim manter a pele linda e saudável por muito mais tempo. Portanto, lance mão das inovações da cosmetologia.

Mas como escolher o melhor produto? Os rótulos dos cosméticos ou ainda as formulações indicadas por nós, médicos, podem parecer receitas indecifráveis. Mesmo com a composição do produto especificada na embalagem, saber exatamente o que cada substância faz e onde atua às vezes é complicado.

Selecionei as principais substâncias usadas na elaboração dos cremes e loções encontrados no mercado ou formulados. Desta forma, você pode conhecer melhor o funcionamento de cada uma delas. Mas atenção: alguns desses princípios ativos só devem ser utilizados sob orientação médica.

O que são os ácidos?

São substâncias que podem ser extraídas da natureza ou sintetizadas em laboratório, utilizadas na composição de alguns cosméticos com as seguintes finalidades: esfoliação da pele, eliminação de células mortas, rejuvenescimento, aumento da tonicidade, ativação da produção das células da epiderme e controle da oleosidade. Alguns ácidos são mais agressivos e devem ser utilizados com orientação médica.

> **Importante:** Sempre usar filtro solar com fator de proteção superior a 15 quando utilizar qualquer tipo de ácido. E atenção: não tomar sol.

Alfa-hidroxiácidos

São ácidos extraídos da natureza. O mais conhecido e utilizado é o ácido glicólico, derivado da cana-de-açúcar. Existem também: o ácido láctico, encontrado no leite; o ácido tartárico, derivado da uva; o ácido cítrico, das frutas cítricas; o ácido málico, da maçã; e o ácido mandélico, da amêndoa picante.

Esses ácidos esfoliam as camadas mais superficiais da pele, eliminando as células mortas, aumentando a sensação de maciez e melhorando a aparência de rugas e linhas de expressão. As células que são removidas dão lugar às novas, que contêm maior quantidade de água, proporcionando uma hidratação mais profunda. Estimulam também a produção de colágeno, melhorando o tônus da pele.

Sua ação esfoliante prepara a pele para receber outros tratamentos e absorver melhor os ingredientes ativos.

Em alguns casos podem causar irritação. Devem ser aplicados à noite, e pela manhã o uso do filtro solar é indispensável.

Ácido salicílico

É um derivado do ácido acetilsalicílico, o mesmo encontrado na formulação da aspirina, chamado beta-hidroxiácido.

Sua ação esfoliante é um pouco mais agressiva e potente. Ele age até mesmo onde existe maior concentração de oleosidade. Ajuda a remover as células que estão localizadas nos poros inflamados. Além de ter bons resultados no rejuvenescimento da pele, este tipo de ácido é ideal para peles com acne e com excesso de oleosidade.

Com o uso desta substância, os cuidados com o sol devem ser rigorosos, já que tende a aumentar a sensibilidade à luz solar. Portanto o uso do protetor, mesmo em dias nublados, é fundamental.

Ácido retinoico

Atualmente o retinol é uma das vitaminas mais pesquisadas e utilizadas com eficácia comprovada. Quando absorvida pela pele, parte da composição da vitamina A é metabolizada e dá origem ao ácido retinoico.

Este ácido tem diversas funções e é indicado para vários tipos de problemas. Tem ação rejuvenescedora, pois ativa a produção das células da epiderme, diminuindo as linhas de expressão. Proporciona também firmeza nos contornos da face, pelo aumento na produção do colágeno. Atua no controle da oleosidade, deixando a textura da pele mais fina, o que melhora problemas como a acne.

No entanto, em algumas pessoas mais sensíveis, pode causar vermelhidão local e certo ardor. Por ser uma substância fotossensível, o uso no verão deve ser evitado.

Vitamina C

A vitamina C é o ácido ascórbico sintetizado. Derivada das frutas cítricas, tem potente ação antioxidante, pois diminui os efeitos dos radicais livres responsáveis pelo envelhecimento da pele. Atua também nas fibras de colágeno, aumentando a firmeza. Pode ser utilizada nos tratamentos de pigmentações leves, por causa do seu efeito clareador. Apresenta, ainda, efeito anti-inflamatório.

Este princípio ativo não aumenta a sensibilidade ao sol, por isso é ideal para tratamentos durante o verão. De qualquer modo, o uso do filtro solar não deve ser abandonado de forma nenhuma.

Vitamina E

A vitamina E é uma das substâncias mais antigas e utilizadas pela indústria cosmética, principalmente na composição de produtos para peles secas e ásperas. Tem efeito preventivo contra o surgimento de rugas e linhas de expressão. Sua eficácia é maior quando utilizada em associação a outras substâncias.

Tem efeito antioxidante e capacidade de retenção de água pela pele, por isso é um princípio ativo muito indicado para peles ressecadas.

Algas

As algas são vegetais anfíbios e possuem forte concentração de oligoelementos, sais minerais e vitaminas. São antioxidantes e apropriadas para hidratação. O uso frequente sob a forma de cremes ou máscaras tem ação preventiva e curativa no envelhecimento da pele.

Hidroquinona

A hidroquinona é uma substância sintetizada em laboratório – um fenol de efeito clareador.

É muito utilizada para amenizar as sardas e as manchas causadas por exposição ao sol e pelas alterações hormonais da gravidez ou das pílulas anticoncepcionais. Inibe a fabricação de melanina (pigmento que dá cor à pele). Mesmo apresentando bons resultados, os cremes encontrados no mercado contêm pouca concentração do princípio ativo, portanto o tratamento é mais rápido e eficaz com formulações prescritas pelo médico.

Ácido kójico

Este ácido de efeito clareador é obtido a partir da fermentação do arroz.

Apesar de agir como a hidroquinona, sua ação tem menos resultados. É uma excelente alternativa para quem não obteve o efeito desejado com a hidroquinona ou sofreu algum tipo de reação a ela, pois o ácido kójico é bem menos agressivo.

Antioxidantes

Ácido alfa-lipoico (ALA)

É um antioxidante solúvel em água e em óleo, o que o torna eficaz tanto do lado de fora quanto do lado de dentro das células. Para completar, ainda preserva e regenera outros antioxidantes, como a vitamina C e a vitamina E. Age diretamente contra o envelhecimento da pele, pois seu potencial antioxidante é o melhor que existe no mercado.

Chá verde

Ativo natural que contém polifenóis, substâncias antioxidantes e anti-inflamatórias. É utilizado há anos pelos orientais.

Ajuda na prevenção do envelhecimento cutâneo, neutraliza os radicais livres e ainda diminui a irritação da pele aos agentes externos, como vento, poluição, suor. Por ser um ativo natural, é indicado para peles sensíveis.

Coenzima Q-10

É uma substância envolvida no processo de transformação dos nutrientes em energia dentro das células. Quanto maior a disponibilidade de Q-10, maior a atividade metabólica. Como ela diminui com o tempo,

este seria mais um dos fatores que diminuem a vitalidade da pele com o passar dos anos. É um potente antioxidante.

Auxilia na diminuição de rugas, mantendo a jovialidade da pele, pois funciona como um regenerador de tecidos, retardando o envelhecimento.

Cremes com efeito lifting

Argireline

Substância de origem proteica que age nas terminações nervosas evitando a liberação dos neurotransmissores na junção neuromuscular. Previne e reduz rugas e linhas de expressão, diminuindo a contração dos músculos. No entanto, não tem efeito cumulativo, isto é, você só vai perceber a ação quando o produto for aplicado. Este princípio ativo só está disponível, por enquanto, nos produtos manipulados.

D-Contraxol

É um complexo de ativos minerais e vegetais que age sobre as contrações das células da camada mais profunda da pele. Pesquisadores concluíram que a contração muscular está relacionada à retração dos fibroblastos, estruturas produtoras de fibras de sustentação da pele, o que também contribui para a formação de rugas. Então sintetizaram um complexo de substâncias que promete limitar essas contrações e relaxar a pele.

Dmae

É uma substância química produzida em pequenas quantidades pelo cérebro humano e age na síntese da acetilcolina, neurotransmissor utilizado na contração muscular. Para o uso cosmético, o Dmae é derivado do salmão, da anchova e da sardinha.

Com o passar dos anos, a acetilcolina deixa de se ligar à fita de colágeno e elastina do músculo, fazendo com que a musculatura se torne mais frouxa, dando lugar à flacidez e às rugas de expressão. O Dmae faz com que ela se ligue através do estímulo. Indicado por volta dos 35 anos, auxilia na diminuição da flacidez e melhora o contorno facial. Algumas pessoas comparam o Dmae com o Botox, mas a ação deles é diferente. O Dmae mantém a musculatura superficial contraída pelo efeito da acetil-colina. Já o Botox age nos músculos mais fortes da face, onde se formam as rugas, no início superficiais, depois evoluindo para sulcos profundos, quase cicatrizes, principalmente na região da testa.

Liftline

Extraído das proteínas do trigo, o Liftline é um agente que proporciona efeito lifting imediato, melhorando a firmeza da pele. Infelizmente tem efeito temporário e dura apenas cerca de três horas.

Raffermine

Agente firmador derivado da soja que organiza e contrai as fibras de colágeno da pele, além de prevenir a diminuição da elastina, responsável pela elasticidade.

O uso deste produto, disponível apenas por manipulação, ajuda na manutenção da firmeza e da elasticidade da pele. Dependendo do tipo de pele, os resultados podem ser observados a partir de 15 a 30 dias da aplicação.

Elastinol +

Regula a produção de elastina e colágeno e ainda fortalece o gel que sustenta as fibras da pele. Aumenta a espessura, a elasticidade e a firmeza, além de reduzir as rugas. Tem alto poder de hidratação.

Poli-hidroxiácido

O mais utilizado deles é a gluconolactona.

Assim como os alfa-hidroxiácidos, provoca uma esfoliação suave da pele, estimulando a renovação celular e, portanto, reduzindo os sinais de fotoenvelhecimento. Também tem efeito hidratante, porque sua molécula atrai as moléculas de água. E ainda age como antioxidante.

Ideal para a prevenção do envelhecimento em peles mais jovens, já que é suave e não provoca irritações. Pode ser usado por quem tem sensibilidade ou até no tratamento da acne.

Kinetina

Funciona como um mensageiro intercelular, ativando e desativando uma série de mecanismos da pele, alguns deles muito importantes para a síntese de colágeno.

Ajuda a melhorar o aspecto das rugas e linhas finas e ainda pode clarear manchas causadas pelo sol. Não irrita a pele e pode ser utilizado por aqueles que não toleram o ácido retinoico ou os alfa-hidroxiácidos.

Peptídeos

São os peptídeos que, em grandes cadeias, formam as proteínas, principal ingrediente das fibras de colágeno. Sob a forma de peptídeos de cobre, aminopeptídeos e outras terminações, são importantes precursores da formação de novas fibras elásticas. Ainda têm efeito sobre sardas e manchas causadas pela exposição ao sol, além de possuírem propriedades antienvelhecimento, aumentando a espessura e a tonicidade da pele.

Skin whitening complex

Derivado da uva-ursina e do *grapefruit*, inibe a tirosinase e clareia as manchas já formadas. Pode ser utilizado em gestantes e não é fotossensível. Pode ser manipulado em gel, creme ou loção.

Eye contour complex

Complexo antifadiga e antiestresse para a área dos olhos, atua na permeabilidade dos capilares locais e estimula a microcirculação linfática e venosa.

É constituído de extrato de plantas, fitoesteroides e vitaminas com concentração de 4% a 10%.

Máscaras

As máscaras têm seus princípios ativos mais concentrados que os cremes de uso diário. Podem ser aplicadas semanalmente, sempre respeitando o contorno dos olhos, sem esquecer de usá-las no pescoço, região sensível e muitas vezes esquecida no dia a dia.

Use sempre a máscara indicada para o seu tipo de pele. O ideal é que você alterne o uso delas, pois cada uma tem uma função diferente. Algumas servem para purificar, como é o caso da máscara de argila, as termais acalmam, o óleo de damasco e semente de uva hidratam, e assim por diante.

Aproveite o momento para relaxar, coloque uma música agradável, acenda um incenso, entre em uma banheira cheia de sais. Que tal? Mime-se, você merece.

Hidratação

Escolha sempre um produto adequado ao seu tipo de pele, usando-o diariamente. A boa hidratação manterá a beleza e a qualidade da sua pele. Com a hidratação diária é possível retardar o envelhecimento da pele. Vários fatores como o sol, o vento, a poluição etc. causam danos na camada superficial da pele, e as linhas começam a aparecer. Os alimentos saudáveis e a água são indispensáveis em nossa vida. A hidratação começa internamente, com a ingestão de água, depois, com ajuda de cuidados diários, fazemos a hidratação da camada superficial da pele.

Pele oleosa e mista

Ao contrário do que se imagina, a pele oleosa também precisa ser hidratada. É comum pacientes com pele oleosa usarem produtos que agridem, com a finalidade de diminuir a produção e o aspecto da oleosidade, o que deixa a pele muito ressecada.

Prefira produtos livres de óleo (oil free), em forma de loção ou gel. Existem os ativos de origem marinha, que hidratam de modo eficaz, sem que aumente a produção do sebo.

Pele seca

Este tipo de pele é o mais delicado. Apesar de na adolescência ser perfeita, com o passar dos anos aumenta o seu desgaste e acentua-se a desidratação. A hidratação é fundamental para essa pele, que pode ser beneficiada pelas ceramidas, pela vitamina C, por óleos essenciais, rosa mosqueta e sementes de uva. O uso de máscaras hidratantes semanais é indicado para equilibrar a pele.

Águas termais

As águas termais são ricas em oligoelementos, refrescam a pele e possuem agentes calmantes e hidratantes. Com o avanço dos estudos na área da cosmiatria, o efeito das águas termais pode ser potencializado.

A água termal pode ser utilizada:

- Para substituir o tônico.
- Antes da maquiagem.
- Antes da aplicação de cremes.
- Quando há uso de cremes ácidos.
- Caso se tenha a pele sensível, mista ou oleosa.

Vaporize a água termal a 15 cm do rosto e deixe secar naturalmente. Isso deixará sua pele macia, além de estimular a renovação celular. Pode também ser usada embebida numa gaze aberta, deixando agir por 10 minutos.

Devemos começar a cuidar da nossa pele já na adolescência. Na verdade, desde a infância as mães devem usar o filtro solar no rosto das crianças, mesmo que seja só quando estão em ambientes de exposição solar, pois já estão prevenindo o fotoenvelhecimento. Na minha época, infelizmente, muito pouco se fazia em relação à proteção solar. Tive sorte de ter feito medicina e ficado mais nas salas de aula e hospitais do que no sol, porque morando em cidade praiana eu hoje teria uma pele com sequelas desse tempo.

Se você é adolescente, comece com pequenos rituais, pois tudo fica mais fácil e a pele agradece. As rugas aparecem primeiro nas peles secas, então não perca tempo e use todo o avanço da medicina e cosmiatria, começando agora com a avaliação de sua pele e com cuidados diários que ajudarão a mantê-la distante das primeiras rugas.

Alguns cuidados de beleza são passados de geração para geração. Portanto, se você é mãe, alerte seus filhos desde cedo. A pele é um órgão importantíssimo e merece cuidados de prevenção, assim como as outras partes do corpo.

Veja os cuidados que a pele exige em cada fase da vida:

25 a 30 anos
- limpeza;
- esfoliação;
- hidratação;
- peeling com ácidos de frutas, como o glicólico e o mandélico;
- peeling de cristal;
- nutrição da área dos olhos.

30 a 40 anos
- fórmulas antienvelhecimento;

- oligoelementos;
- ácido retinoico;
- tratamentos mais intensos na área dos olhos;
- tratamentos médicos.

40 a 50 anos
- cremes que estimulem a produção do colágeno;
- antioxidantes;
- séruns tensores;
- tratamentos médicos (*veja adiante*).

Acima de 50 anos
- Procure orientação médica para a escolha de produtos de uso domiciliar.

O ácido retinoico é sempre uma boa opção para a manutenção de uma pele jovem. Atualmente há cremes específicos formulados à base de soja que clareiam a pele, combatem o envelhecimento e diminuem o crescimento dos pelos e com nanopartículas que levam as substâncias rejuvenescedoras até a camada mais profunda da pele.

TRATAMENTOS MÉDICOS

Peelings

Por meio de uma esfoliação nas camadas superficiais da pele, eliminam-se as células mortas, dando lugar a uma nova camada, livre de manchas e rugas. Este tipo de tratamento só poder ser realizado por médicos especializados em consultórios e de preferência no inverno. Vale lembrar que o uso de filtro solar é imprescindível durante o tratamento. Os peelings podem ser:

- Superficiais
- Médios
- Profundos

De acordo com a avaliação do seu tipo de pele será indicado o melhor tratamento. Mulheres de pele morena devem evitar os peelings profundos, por serem mais agressivos, e devem analisar cuidadosamente a técnica dos peelings a laser, pois correm grande risco de estimular os melanócitos, pigmentando ainda mais o rosto e agravando a ocorrência de manchas.

Peeling de ácido glicólico

Considerado um peeling superficial, usado na concentração de 70% a 100%, age na camada superior da pele, promovendo uma leve descamação que beneficiará a hidratação. Melhora as manchas e a viscosidade, dando à pele aspecto saudável. É um método muito utilizado, ideal para peles jovens. No tratamento de cloasmas não é muito eficiente, por ter resultado lento. Raramente causa descamação visível.

Peeling de ácido retinoico

Recomendado para pele oleosa e com acne, proporciona efeito desengordurante, com concentrações de ácido que podem variar de 2% a 5%. Realizado em consultório médico, o paciente vai para casa após a aplicação do creme, que atualmente é do mesmo tom da pele. Passadas algumas horas, o paciente lava o rosto com água e mantém uma rotina de uso de filtro solar e hidratação.

Esse tratamento não pode ser realizado no verão ou em períodos de temperaturas elevadas. Por ser fotossensível, pode manchar o rosto facilmente. Causa descamação intensa, sem formação de crosta. Não pode ser realizado durante a amamentação ou em pacientes gestantes.

Peeling de ácido tricloracético tamponado (Easy peel)

Indicado para qualquer tipo de pele, esse peeling penetra na camada mais profunda da pele. Eficaz no tratamento de manchas e acne,

também traz excelentes resultados em rugas superficiais e no aumento da produção de colágeno. Provoca descamação entre média e intensa, dependendo da penetração escolhida, e pode ser utilizado na pálpebra inferior, sendo muito eficiente no clareamento de manchas marrons nas olheiras. Sua grande vantagem é que não é necessário nenhum tipo de anestesia ou sedação e pode ser realizado até em consultório médico. Contraindicado para gestantes e pacientes que estejam amamentando.

Peeling Amelan®

Realizado em consultório médico, sua principal vantagem é que, além de ser feito em qualquer época do ano, você não precisa interromper suas atividades diárias. Com o produto no rosto, você poderá ir para casa e retirá-lo três horas depois. Então, utilizará um creme por um período de 30 dias. À base de ácido kójico, arbutim e uma enzima chamada quimiotripsina, ativa a despigmentação, acelerando assim o clareamento das manchas. Outra grande vantagem é que o tratamento não causa dor, queimação ou qualquer incômodo. O uso de filtro solar durante este tratamento é imprescindível.

Skin clear

É um tipo de peeling constituído por uma associação de produtos despigmentantes e antioxidantes que atuam de forma muito eficaz na remoção de manchas marrons, além de estimular a produção de colágeno. O skin clear é indicado nos tratamentos de manchas causadas pelo excesso de sol, manchas de gravidez e envelhecimento da pele. Trata também mãos, colo e pescoço, suavizando rugas finas, marcas de expressão e manchas. Além disso, pacientes com manchas associadas a acne têm apresentado ótimos resultados.

O mesmo produto utilizado no consultório precisa ser aplicado em casa, mas em concentrações menores, dando continuidade ao tratamento.

Este peeling tem a vantagem de ser produzido aqui mesmo no Brasil, portanto é mais acessível.

Microdermoabrasão

A microdermoabrasão, conhecida como peeling de cristal, renova a camada superficial da pele, estimulando a produção de colágeno.

A realização é feita por um aparelho que possui em sua extremidade um *hand piece*, uma espécie de ponteira ou caneta que funciona como um jato abrasivo de microcristais. Este jato atinge a pele, promovendo uma espécie de lixamento.

A aplicação não provoca dor nem marcas, apenas o atrito dos microcristais com a pele. Após o procedimento, o paciente pode voltar a suas atividades normais, sem esquecer de usar filtro solar.

Além de tratar as rugas finas, atenua manchas faciais e olheiras. Outro benefício importante é a melhora na capacidade de absorção de produtos de uso diário.

A microdermoabrasão é indicada também para tratar o colo, o pescoço, as costas e a pele áspera e escura dos joelhos e cotovelos. Pode ser feito semanalmente ou a cada 15 dias. Logo após as primeiras sessões percebe-se uma diminuição satisfatória das rugas finas, rejuvenescimento e melhor qualidade da pele.

Detalhes que fazem a diferença

Além dos peelings, existem outros tratamentos médicos que podem contribuir para melhorar o aspecto da pele do rosto, assim como de outras partes do corpo, como colo e pescoço.

Fio russo

São fios de polipropileno utilizados há anos em suturas de cirurgias. É aplicado sob a camada subcutânea da face, de acordo com a necessidade de cada paciente, porém no sentido contrário ao da flacidez dos tecidos. O procedimento pode ser realizado no consultório médico, com anestesia local e duração média de 40 minutos.

O fio é introduzido por uma cânula finíssima, portanto não existe risco de cicatrizes. A técnica é indicada para tratar a flacidez facial, que começa a surgir por volta dos 36 anos. Literalmente o procedimento "levanta" o rosto, suavizando os efeitos do envelhecimento.

Também tem sido utilizado no abdome superior, quando a paciente é magra e pode ter ficado, após o parto ou lipoescultura, com pequena flacidez nesta região.

Cool touch

Atua na camada interna da pele, estimulando a produção do colágeno. Usado no tratamento de rugas finas na região dos olhos, nos lábios e nas olheiras, uma vez que clareia a região tratada. A aplicação é feita 1 vez por mês.

Toxina botulínica

O Botox® é o nome comercial da proteína produzida pela bactéria *Clostridium botulinum*, obtida e purificada em laboratório por um complexo processo de reações químicas e sucessivas filtragens. A substância, inicialmente utilizada pela oftalmologia e neurologia para correção de contrações musculares involuntárias, há alguns anos começou a ser empregada na dermatologia para a correção de rugas e marcas de expressão, com excelentes resultados. A toxina age imobilizando temporariamente a musculatura da região periorbital (pés de galinha) e entre as sobrancelhas, além da testa e, em alguns casos, do pescoço. Recentemente foram observados ótimos resultados para levantar a extremidade do nariz.

Este tratamento é realizado exclusivamente por médicos e, em busca de melhores resultados, é recomendado para pacientes que apresentam flacidez inicial. O Botox® é aplicado através de uma agulha bem fininha, por dentro do músculo, imobilizando-o, o que suaviza ou elimina a ruga formada no local. Por volta de 6 meses o impulso nervoso é relaxado.

Implante ou preenchimento

Este procedimento é ideal para rugas e sulcos profundos ocasionados pelo envelhecimento e pela flacidez da pele, e os resultados são surpreendentes. Substâncias sintéticas são implantadas para preencher os sulcos nasogenianos, nos lábios, olhos e no "bigode chinês". Existem dois tipos de implantes:

> **Definitivos**
> Exigem uma técnica de aplicação perfeita. Utilizados em sulcos ou vincos mais profundos. Os implantes recomendados são o Artecoll e o Metacrill.

> **Temporários**
> Duram cerca de 6 meses, como o ácido hialurônico. Comumente utilizados pela tranquilidade do procedimento, são os mais aplicados nos consultórios médicos. Já o Perlane tem duração maior e é indicado no preenchimento de rugas com depressões mais profundas, cicatrizes, sulcos e contorno facial.

Aumento dos lábios

Os lábios podem ser aumentados na parte superior e inferior, dando forma ao contorno e deixando-o mais sensual e definido. A aparência é natural, mesmo no tato. O procedimento é feito em consultório médico, com o uso de anestésico local ou injetável.

Microcorrentes

São pequenos estímulos elétricos indolores que melhoram as propriedades da pele, dando-lhe tonicidade e firmeza. Por meio da estimulação da produção de colágeno e elastina, promove a penetração de nutrientes como os complexos vitamínicos. Recomendam-se cinco sessões, no mínimo, para que sejam notados os efeitos do tratamento, que duram por período de 6 meses.

Colo e pescoço

Assim como o restante do corpo, o colo e o pescoço sofrem grande perda de colágeno com o passar dos anos, o que torna a região flácida e às vezes com acúmulo de gordura. A prevenção do envelhecimento nessas regiões precisa ser igual à do rosto, com uso de filtro solar e hidratação diária. Os tratamentos para amenizar as manchas e a flacidez são os mesmos realizados para o rejuvenescimento facial já descritos.

Olheiras

Infelizmente as olheiras são ocasionadas, na maior parte dos casos, por fatores genéticos, portanto algumas pessoas podem ser mais suscetíveis a elas.

No entanto, noites maldormidas, desvios de septo e adenoides são outras causas para o escurecimento da área ao redor dos olhos. O estilo de vida desregrado também pode agravar o caso, como a má alimentação, o cigarro, o estresse e as bebidas alcoólicas. Existem ainda aquelas que surgem durante a gravidez e no período pré-menstrual.

Os melhores tratamentos para a área são os peelings, com manutenção de substâncias clareadoras de uso domiciliar e a vitamina K1 a 1%, encontrada em vegetais como espinafre, brócolis, repolho e alface. Esses alimentos possuem propriedades naturais que evitam a coagulação sanguínea na área dos olhos e ajudam a clareá-la.

Emulsão composta de extrato de castanha-da-índia e extrato de flor de *centaurea cianus* reduz inchaços e olheiras pela ação drenante, descongestionante e suavizante. Concentrado de vitaminas e ativos biológicos recupera a capacidade natural de regeneração. Gel relaxante para pálpebras com castanha-da-índia, alfa-bisabolol, quitina, camomila e vitamina E descongestiona e suaviza.

A luz pulsada (ver adiante) também tem obtido bons resultados; já o laser só deve ser usado em peles claras.

A fototerapia é apresentada como o tratamento mais novo e eficaz no combate às olheiras.

Fototerapia

A molécula que absorve luz na pele é chamada de cromóforo, e cada comprimento de onda age em certo tipo de cromóforo. Um laser que combina os emissores As, Ga (In, Al, P) com comprimento de onda de 660nm vermelho e outro de 470nm azul inibe a coagulação sanguínea, diminui a retenção de água e clareia por oxidação.

Sendo assim, é possível obter resultados importantes na recuperação do padrão estético do paciente.

Mãos

Durante a juventude, as mãos são deixadas em segundo plano quando o assunto são os cuidados diários. Assim como as outras partes do corpo, as mãos também sofrem as agressões do tempo, principalmente por ficarem sempre expostas. Por volta dos 30 anos, elas começam a dar os primeiros sinais de envelhecimento, representados por manchas e flacidez. A prevenção continua sendo a melhor saída. A hidratação e a proteção solar diárias podem retardar os efeitos do tempo. Outra dica é protegê-las com luvas emborrachadas durante os serviços domésticos e ao manusear produtos abrasivos.

Existem tratamentos que suavizam as manchas, como o laser de rubi, o dermapulse (luz pulsada) e peelings químicos, como os de ácido retinoico, glicólico e tricoloroacético.

Para a flacidez, os bons resultados são obtidos com injeções de preenchimento de substâncias sintéticas, como o ácido hialurônico.

Pálpebras

Esta região finíssima e delicada do rosto necessita de cuidados especiais. As pálpebras reforçam a expressão do olhar. Quando sofrem com a flacidez, o resultado é uma aparência cansada e sobrecarregada. A toxina botulínica tem se mostrado muito eficiente para "levantar" o olhar. Porém, os tratamentos devem ser cautelosos nesta área. Esfoliações e aplicações de ácidos como o glicólico e o retinoico estão proibidas.

Blefaroplastia

Cirurgia realizada para retirar o excesso de pele das pálpebras superior e inferior, assim como o acúmulo de gordura na pálpebra inferior. Em geral é feita uma incisão na "prega" natural da pálpebra. Atualmente, em alguns casos, na pálpebra inferior é feita uma incisão interna. Hoje é um procedimento tranquilo, após sedação e anestésico local.

Termacool

Esta técnica é muito eficaz no combate à flacidez facial. O tratamento é feito por meio de um aparelho de radiofrequência que promove uma estimulação no colágeno, responsável pela sustentação e firmeza da pele. Proporciona efeito lifting, resultado do estiramento da pele. A aplicação é feita com anestésico local e em apenas 1 sessão.

Laser e luz pulsada

A luz pulsada é utilizada nos tratamentos de fotorrejuvenescimento, depilação, lesões pigmentares (manchas), cicatrizes de acne e lesões vasculares.

Nos procedimentos de fotorrejuvenescimento, ativa o fibroblasto, que é o responsável pela produção de colágeno e elastina. Suaviza as rugas, as irregularidades na textura da pele ou no tamanho dos poros; auxilia também na oxigenação da pele, melhorando seu aspecto.

Logo após a aplicação forma-se um leve eritema na pele, fazendo com que o colágeno seja estimulado. O tratamento é praticamente indolor, podendo provocar apenas leve ardor passageiro.

A grande vantagem desse tipo de laser é que se baseia no princípio da fototermólise seletiva, no qual a luz deposita energia apenas nos locais em que é absorvida, atingindo somente as estruturas-alvo, sem causar qualquer dano nos tecidos adjacentes. O laser de CO_2, o *ressurfacing*, também apresenta bom resultado, principalmente na região da boca e dos olhos, porém o paciente necessita de maiores cuidados na recuperação, que pode se estender por até 1 mês.

Exercícios faciais

Você sabia que existe um tipo de ginástica específica para o rosto? A ação do envelhecimento dos tecidos e músculos atinge todo o nosso organismo por igual, e, assim como a atividade física tem seus benefícios para manter o corpo jovem e saudável, a ginástica facial contribui para melhorar a flacidez e resgatar a tonicidade da pele.

O rosto possui uma série de músculos pouco trabalhados durante a vida, e alguns são até desconhecidos, por não serem usados com frequência.

Os exercícios estimulam a circulação sanguínea local, oxigenando melhor os tecidos, o que faz a pele receber mais nutrientes. Porém é fundamental que os exercícios sejam orientados por um profissional, pois movimentos errados podem acentuar ainda mais as linhas de expressão e a flacidez.

Em até 3 meses de "malhação" os resultados podem ser observados, principalmente quando aliados a uma alimentação rica em vitaminas C e E.

Contudo, a disciplina é imprescindível para que os benefícios sejam mais visíveis e duradouros. Os exercícios devem ser praticados no mínimo 4 vezes por semana, sem longas interrupções. Os locais mais beneficiados pela técnica são a região das bochechas e do pescoço. O contorno do rosto também tende a ficar mais firme. Mas vale lembrar que os resultados são variáveis, pois, afinal, cada um de nós tem uma herança genética e um histórico de vida diferente. Sem falar na idade. Quanto antes se iniciar um programa de ginástica facial e incorporar esse hábito no dia a dia, melhores serão os benefícios da prática. A técnica tem sido até mesmo utilizada por pessoas que passam por dietas para a perda de peso, diminuindo as sequelas da flacidez no rosto.

Para obter um bom resultado, a ginástica facial deve ser feita praticamente todos os dias. E cada exercício deve ser repetido no mínimo 5 vezes, com duração de 10 segundos por movimento.

Inicialmente, pratique em frente ao espelho, apoiando os cotovelos na pia do banheiro, por exemplo. Depois de adquirir prática, o espelho poderá ser dispensado e você conseguirá realizar os exercícios até durante um engarrafamento.

Tenha paciência, pois no começo fica difícil mexer alguns dos músculos que são pouco solicitados. Para não perder o fio da meada, escolha um horário fixo do dia para começar a ginástica, mas o recomendável é à noite, com a pele previamente limpa e higienizada. Evite o uso de cremes, loções ou qualquer outro cosmético. Aplique os produtos após os exercícios, porque assim sua pele será mais bem oxigenada e a ação dos produtos mais eficaz.

Mudanças corporáis

LIPODISTROFIA

Quase todos os dias atendo pacientes preocupadas em tratar ou evitar o aparecimento da celulite. Há muitos anos as mulheres convivem com essa indesejável e implacável inimiga. E, realmente, essa alteração no corpo não é nem um pouco agradável. Se isso serve de consolo para nós que fazemos parte da ala feminina: de dez mulheres, oito apresentam essas alterações antiestéticas. Os homens também não estão livres do problema. Com o passar dos anos, os níveis de testosterona diminuem no organismo masculino, e se há excesso de gordura no corpo a celulite pode aparecer nas costas e no dorso.

Ela é democrática – atinge todos os tipos físicos. Muitas mulheres magras, ao notarem os primeiros sinais de celulite, sentem-se inconformadas. E com razão. Nem mesmo as adolescentes são imunes a ela. Caracterizada por furinhos, depressões, nódulos endurecidos e aquele terrível aspecto de casca de laranja, a celulite deixa a pele desigual e, em seu estágio mais avançado, causa até dor na região afetada. A celulite precisa sempre ser vigiada de perto, pois pode ser amenizada e ficar praticamente imperceptível em alguns casos. Para isso, é necessário avaliar em qual grau se encontra a doença, procurar tratamento com orientação médica, mudar os hábitos alimentares e fazer exercícios físicos. Quanto mais desses itens estiverem associados, melhor será o resultado.

Para entender como a celulite aparece, é preciso avaliar o problema de dentro para fora: o acúmulo de toxinas e a má circulação sanguínea fazem com que as células sofram com a falta de oxigenação. A região acaba endurecendo e, com isso, a celulite se instala.

A primeira coisa a fazer é descobrir quais fatores estão contribuindo para formar a celulite, fazer uma avaliação dos hábitos e iniciar os tratamentos adequados.

Tratamentos corporais

Algumas técnicas que são aplicadas por clínicas médicas especializadas:

Drenagem linfática manual

Realizada manualmente de forma suave e delicada, visa estimular o sistema linfático responsável pela eliminação das toxinas e ativa a microcirculação. Associada à drenagem é recomendada uma boa hidratação oral, de no mínimo dois litros de água por dia. Dessa maneira, aumenta-se a diurese, o que será excelente nesse período.

Dermotonia

Técnica realizada através de um aparelho francês que atua no sistema linfático, realizando uma drenagem profunda. É fundamental no descongestionamento dos nódulos de celulite e na redistribuição da gordura corporal, além de estimular a circulação periférica e a produção de colágeno e elastina.

Linfoderm

Utiliza-se um aparelho computadorizado para realizar movimentos programados, que se tornam intensos nas regiões mais necessitadas. É necessário determinar a intensidade da compressão de uma espécie de calça que vai até a cintura; assim, a esteticista deve fazer uma abertura da cadeia ganglionar cervical e inguinal. Os braços também podem ser trabalhados em caso de celulite e gordura localizada nesta região.

Endermologia

A endermologia com laser atua no tratamento da gordura localizada e da celulite, por meio de um sistema de rolamento por sucção. A paciente veste um macacão apropriado feito de náilon, para melhorar o deslizamento do aparelho. Deve ser realizado 2 vezes por semana e é contraindicado para gestantes, pessoas com varizes e câncer.

Ultrassom 3 MHz

Este tratamento é geralmente associado à intradermoterapia, às drenagens com dermotonia ou manuais, além de outras técnicas. O aparelho tem por objetivo "quebrar" em pequenas partículas as células de gordura chamadas adipócitos.

Manthus

Atua de forma efetiva no tratamento da gordura localizada e da celulite graus I, II e III. O segredo deste tratamento está na combinação do efeito do ultrassom tripolar, que quebra as células de gordura, com o estímulo da corrente polarizada, que faz o princípio da iontoforese, uma espécie de intradermoterapia sem agulha, fazendo com que as células de gorduras fragmentadas em partículas menores sejam absorvidas e drenadas pelo sistema linfático.

Eletroestimulação

Como o próprio nome já diz, esta técnica estimula, através de uma corrente farádica, grupos musculares específicos que geralmente são mais difíceis de ser trabalhados com exercícios físicos. Essa corrente alternativa provoca intensos movimentos de contração e torção do tecido tratado, atuando assim na tonicidade e na queima de gordura localizada, celulite e flacidez local.

Quando os tratamentos médicos são fundamentais

Subcision

Técnica de preenchimento específica para depressões causadas pela celulite, sequelas de lipoaspiração e de injeções. Remove as fibroses e buracos profundos. É realizada por meio de uma agulha com bisturi na ponta, com a qual o médico corta as fibras. O tratamento deve ser feito de preferência no inverno, pois deixa hematomas por cerca de 30 dias. Esta técnica só pode ser realizada por médicos.

Intradermoterapia

Conhecida antigamente por mesoterapia, esta técnica consiste em aplicações para a queima de gordura localizada, celulite e estrias. São aplicadas injeções de medicamentos que dissolvem a gordura, ajudam a ativar a circulação sanguínea local e a quebrar as moléculas gordurosas, que são eliminadas pelo sistema linfático. Esta técnica só pode ser realizada por médicos.

ESTRIAS

As estrias são linhas finas, frágeis, brilhantes e de coloração acinzentada. Nas peles morenas, apresentam coloração branca ou arroxeada.

No início, possuem coloração avermelhada e, com o passar do tempo, vão descolorando gradualmente até se tornarem esbranquiçadas. Trata-se da ausência de tecido fibrótico ocasionada pela ruptura da pele que se distendeu além de sua capacidade normal, caracterizando-se, muitas vezes, como uma cicatriz.

Principais fatores que ocasionam o aparecimento de estrias

- **Predisposição genética:** O grau de incidência de estrias depende da capacidade de elasticidade e da tonicidade do tecido da pele de cada pessoa, que são determinados por fatores genéticos.

- **Fatores hormonais:** Os hormônios femininos, progesterona e estrogênio, quando produzidos além da média, podem fragilizar as fibras de colágeno e elastina. Isso pode ocorrer quando a mulher é submetida a algum tratamento que utiliza doses altas de corticoide.

- **Musculação excessiva:** O uso de peso em excesso gera hipertrofia muscular. Quando atinge os homens, as principais regiões são: lombar, braço (perto dos ombros) e, em alguns casos, até os joelhos.

- **Alteração de peso excessiva ou muito rápida (efeito ioiô):** Na maioria dos casos, principalmente em mulheres, a incidência de estrias e flacidez ocorre devido ao rápido aumento ou perda de peso em excesso. Em certos casos, a única alternativa é a cirurgia plástica. Conheça a seguir alguns dos tratamentos para as estrias.

Peelings

Existem vários, mas cerca de 70% dos tratamentos são realizados associados com a aplicação de ácido retinoico pelo paciente, em casa. Indolor e varia de 10 a 20 sessões. Veja-os a seguir.

Ácido retinoico

Utilizado somente com acompanhamento médico, mesmo sob uso domiciliar. Para estimular o crescimento de novos vasos sanguíneos dérmicos e promover a restauração do colágeno e da elastina, são aplicadas altas concentrações de ácido retinoico. Antes de dormir, com total precisão é feita a aplicação no local da estria. Durante o tratamento, evite a exposição ao sol e, se necessário for, aplique filtro solar.

Cromopeel

À base de resorcina e ácido salicílico, este peeling melhora a coloração, estimulando a pigmentação da estria, e diminui a largura por meio de uma descamação local. Pode ser realizado em consultório médico.

Microdermoabrasão

É um aparelho com microcristais de alumínio. Aplicados sobre as estrias, causam efeito de esfoliação, estimulando a formação de novas fibras de colágeno, o que ameniza o problema. Por ser mais utilizado em estrias brancas, as mulheres de peles morenas devem ser mais cautelosas ao escolher este tratamento. As sessões variam de 10 a 20, de acordo com o tipo de pele.

Intradermoterapia

Através de injeções subcutâneas com agulhas finas, são aplicadas substâncias que amenizam as estrias. O recomendável é fazer um tratamento de pelo menos 10 sessões para obter resultados eficientes. É importante ressaltar que esses resultados variam de acordo com o tempo das estrias. Quanto mais antigas, mais demorado o resultado.

Subcisão

Este tratamento é indicado para estrias antigas com depressão local e coloração esbranquiçada. Para sua aplicação, que varia de 2 a 3 sessões, é necessário um anestésico local. Uma agulha especial com uma pequena lâmina cortante na ponta é introduzida na estria, atuando não só na fibrose local, mas também no preenchimento da região de depressão da estria.

Laser

Ainda não há ótimos resultados com a utilização deste aparelho. Em certos casos, pode melhorar a coloração das estrias e o aspecto da depressão local. É indicado, com melhores efeitos, para casos de telangiectasias (vasinhos).

MAMAS

Colocação de próteses

Atualmente tem sido muito comum a colocação de próteses de mamas. Mulheres de todas as idades aderiram a essa técnica – algumas por ter mamas pequenas e outras após o parto, para preencher o tecido mamário que fica reduzido após a amamentação. Existem as seguintes técnicas de colocação:

- incisão na aréola;
- incisão na axila;
- incisão inframamária.

Muitas vezes a técnica de colocação pode ser uma escolha do médico e da paciente. Alguns profissionais preferem colocar a prótese embaixo da musculatura peitoral; outros acham mais conveniente a colocação acima da musculatura.

Vantagens de cada técnica

A vantagem da colocação da prótese acima do músculo é que o pós-operatório é indolor, deixa a mama muito natural e apresenta menos riscos de a prótese sair do lugar.

A vantagem da colocação atrás da musculatura é que, em pacientes com mamas muito pequenas e pouco tecido mamário, essa técnica vai ajudar na projeção das mamas, além de facilitar o autoexame para detectar a presença de nódulos.

Quando o ideal é a intervenção cirúrgica

Mulheres que optam por uma intervenção cirúrgica para correção geralmente apresentam mamas flácidas ou aumentadas antes da gestação, e depois do nascimento dos filhos se sentem mais incomodadas ainda. Nesse caso, o ideal é procurar a orientação de um cirurgião, que indicará a melhor técnica, de acordo com o tipo da mama. Existem várias:

- ❧ Incisão em T invertido – Quando os seios são grandes e necessitam de correção de tamanho e da ptose (flacidez).

- ❧ Incisão areolar – Apresenta melhores resultados em mamas menores, onde será apenas corrigida a flacidez.

- ❧ Incisão em L – Utilizada em seios de tamanho médio, com bons resultados.
  Com relação à sensibilidade, ela voltará ao normal quando a técnica utilizada for a incisão nos mamilos. Não fique preocupada!

Próteses do glúteo

Esta técnica tem sido muito utilizada no Brasil, por ser um país que valoriza a beleza dessa parte do corpo. A cirurgia é simples, e tenho visto bons resultados, com pequenas cicatrizes que ficam muito discretas, mas é importante que seja bem avaliada antes e que seja mantido o resultado com atividades físicas.

Observação: Sempre escolha bons profissionais para avaliar seu corpo e escolher a melhor técnica a ser utilizada. Consulte a Sociedade Brasileira de Cirurgia Plástica em caso de dúvidas.

Dentes e boca saudáveis

Um sorriso bonito e uma boca saudável sem dúvida são um cartão de visitas. Quem não sonha com um sorriso digno de comercial de creme dental?

Porém, além da estética, cuidar dos dentes deve ser prioridade, já que é uma questão de saúde. A escovação correta e o uso do fio dental, três vezes por dia, após as refeições, são cuidados simples, mas que valem ouro.

Como na medicina, a odontologia atualmente preza pela prevenção. Dessa forma, os danos serão bem menores e os possíveis tratamentos menos demorados e agressivos. Por isso, a visita periódica ao dentista precisa ser levada a sério, assim como a profilaxia, isto é, a limpeza feita no consultório para a remoção de tártaros.

Infelizmente essas recomendações não são seguidas pela maioria da população. Muitas pessoas esquecem da saúde bucal e quando se dão conta disso, às vezes, é tarde demais.

Com o passar dos anos, nossos dentes também sofrem desgastes, ficam escuros, e a gengiva pode diminuir. Se você tiver uma higiene bucal adequada, evitará maiores transtornos. Por isso insisto em dizer: prevenir ainda é o melhor remédio.

Tenho visto mulheres acima de 30 anos usando aparelhos orto-dônticos para corrigir desvios da dentição. Afinal nunca é tarde para corrigir um problema que nos incomoda. Segundo os especialistas, esses tratamentos são eficazes, mesmo em adultos.

Sem falar nas novas técnicas e materiais, que estão causando revolução na estética bucal.

A odontologia estética ou cosmética é responsável pela harmonia na dentição. Recupera dentes escurecidos ou com espaços inadequados e proporciona uma nova aparência.

ESTÉTICA DENTAL

Clareamento dentário

Com o tempo os dentes vão perdendo a cor branca e passam a ficar amarelados, principalmente nos fumantes. A causa do escurecimento são os pigmentos encontrados em alimentos e bebidas, como o café, o vinho tinto etc. Com o avanço da odontologia, esse problema pode ser eliminado pela técnica de branqueamento dos dentes, que é feita em consultório odontológico e com o paciente, posteriormente, continuando o tratamento em casa.

Como é feito

Utiliza-se o peróxido de hidrogênio em gel. O dentista coloca uma proteção feita de material plástico nos lábios do paciente para que a substância não entre em contato com a boca, evitando qualquer reação no organismo. Então os dentes são cobertos com o gel e é utilizada uma luz especial que atua no clareamento dos dentes.

Substituição dos dentes

Parece complicado associar o envelhecimento facial a uma dentição inadequada. Mas, muitas vezes, alguns problemas relacionados a linhas de expressão, rugas finas e flacidez facial podem ser solucionados por meio de procedimentos odontológicos.

Com o passar dos anos ocorre uma diminuição da massa óssea, bem como o envelhecimento dentário. Antigamente, era comum a extração, porém, hoje, os profissionais tentam salvar um dente empregando todos os recursos disponíveis, pois se sabe que no futuro, com a diminuição da espessura, os que foram extraídos podem fazer muita falta, uma vez que os dentes são a estrutura capaz de suportar os músculos faciais.

Com as técnicas modernas é possível rejuvenescer a face, suavizando rugas finas na região do "bigode chinês", diminuindo a flacidez nas bochechas e até nas pálpebras, desde que seja constatado que as causas são perdas e desgastes dentários.

Cabelos

O cabelo é a menina dos olhos de toda mulher. Como se costuma dizer, é a moldura do rosto, enfeita, dá movimento e alegria. Mas no meu dia a dia do consultório tenho cada vez mais a certeza da importância desta ferramenta poderosa de feminilidade e sedução. Lembro-me de um fato ocorrido como se fosse hoje: a fisionomia de uma paciente aos prantos, mal conseguindo falar, mostrando-se desesperada pela perda da sua feminilidade. Ela dizia: "Não me sinto mais uma mulher". E eu, então, observando-a, tentei descobrir o que se passava. Minutos depois, ela, já mais calma, abaixou a cabeça, mostrando-me uma área em que havia realmente grande perda de fios. Daí pude entender seu desespero. A queda excessiva dos fios é um problema tipicamente masculino, e nós, mulheres, não estamos preparadas para lidar com essa situação. Podemos até admitir uma celulite aqui, uma estria acolá, mas queda acentuada de cabelo ou a total perda dos fios? Que mulher pode se imaginar numa situação desta? Aí, parei para pensar o que aquela paciente estava sentindo e percebi que o cabelo exerce fascínio por parte das mulheres, e dos homens também. Curtos, compridos, estamos sempre preocupadas com eles. Para isso, basta checar os números do mercado de produtos para tratamento de cabelos no Brasil. Eles não mentem.

Xampu, condicionador, creme de pentear, fixador de cabelo, ativador de cachos, hidratante, entre tantos outros produtos. Tudo é direcionado aos cuidados com o cabelo, especialmente voltado para o público feminino.

Segundo dados da Associação Brasileira da Indústria de Higiene Pessoal, Perfumaria e Cosméticos (ABIHPEC), no período 2005-2009 o crescimento médio foi de 13,1% no faturamento líquido. Esse faturamento correspondeu, em 2009, a 24.932 milhões de reais.

Os cabelos fazem parte do perfil de cada mulher e devem combinar com seu estilo de vida e sua maneira de ser.

Atualmente, a tecnologia avançada permite que os cabelos encaracolados ganhem rapidamente textura fina e aspecto sofisticado. Houve um tempo em que os permanentes estavam em alta e as pessoas passavam horas no salão tentando deixar os cabelos ondulados, mas nem sempre ficavam bonitos. E quando ficavam era por pouco tempo, pois logo perdiam seus cachos e deixavam fios quebradiços no lugar. Sou da época em que tingir os cabelos era *out*, brega mesmo. Só pessoas consideradas "coroas" faziam isso – bom mesmo era o cabelo com sua cor natural.

Hoje temos que "segurar" as pré-adolescentes, que já querem fazer mechas douradas nos cabelos. Difícil é encontrarmos um cabelo com a tonalidade original. Há no mercado xampus colorantes, tinturas hidratantes, e assim por diante. Os cabelos ganharam cor e toques especiais, mas ao longo do tempo, com as mudanças hormonais e emocionais, como o próprio estresse diário a que somos submetidas, todos os cuidados no hidratar e no proteger dos fios não são suficientes.

O que ocorre é uma diminuição na oleosidade do couro cabeludo, podendo dar a impressão de um cabelo mais quebradiço e seco, pois, obviamente, a diminuição da oleosidade reflete no fio de cabelo.

Com a chegada do climatério, por volta dos 50 anos, e da menopausa, em torno dos 60 anos, há uma diminuição maior dos hormônios femininos, e pode ocorrer diminuição no volume dos cabelos, que se tornam também mais finos.

Os hormônios estão diretamente ligados a essas alterações, pois a diminuição ou a falta de estrógeno é o fator mais importante que pode levar muitas mulheres à diminuição do volume dos cabelos. Além disso, outros fatores externos também prejudicam. Por exemplo, tinturas, alisamentos, cigarro, estresse, poluição, entre outros, podem influenciar na aparência dos fios. E, ainda, nessa fase mais madura, quem não usou coloração nos cabelos certamente usará, pois surgem os fios brancos. Assim, os tingimentos tornam-se frequentes, o que pode agravar ainda mais o problema, já que a tintura passa a danificar os fios. Entretanto, hoje em dia, existem produtos que ajudam a minimizar este mal.

O surgimento de cabelos brancos (canície) é determinado geneticamente, e seu aparecimento é variável quanto à idade, dependendo de pessoa para pessoa.

Na menopausa, os cabelos muito finos, crespos ou pouco volumosos vão sentir mais as alterações hormonais. Principalmente aqueles que sempre possuíram essas características.

Alguns tipos de cabelo são geneticamente mais bem constituídos e vão sofrer menos com quaisquer variações. Entretanto, há casos que necessitam de ajuda médica especializada.

COMO TRATAR OS CABELOS

- ❧ Usar xampus com proteínas e aminoácidos ou próprios para cabelos tingidos, com substâncias que permitem maior retenção da tintura ao fio.

- ❧ Tornar menos frequente o processo de tingimento, o que ajuda a manter o cabelo com brilho.

- ❧ Utilizar máscaras com colágeno ou fazer hidratações com óleos essenciais.

- Se a perda de cabelo for muito acentuada, fazer tratamento médico com anti-hormônios masculinos e loções contendo hormônios femininos.

- Procurar um especialista que utilize a técnica da intradermoterapia capilar, na qual são introduzidos princípios ativos e enzimas para estimular a circulação do couro cabeludo e a nutrição do fio.

- Cortar os cabelos no mínimo a cada três meses, para suavizar as pontas duplas.

- Não esquecer, na praia ou piscina, de usar os protetores solares próprios para os fios. Assim, quando terminar o verão, seu cabelo vai se manter saudável.

COMO LAVAR CORRETAMENTE OS CABELOS

- A temperatura da água deve ser morna, em torno de 23 °C. A água muito fria estimula as glândulas sebáceas, deixando os cabelos com o aspecto oleoso. A água quente, ao contrário, danifica e resseca os fios e o couro cabeludo.

- Escolha produtos para seu tipo de cabelo.

- Nunca aplique o condicionador na raiz. Use-o apenas no comprimento e nas pontas.

- Na hora da secagem, evite "torcer" os cabelos com a toalha, o que pode quebrar os fios, que molhados são ainda mais frágeis.

- Prefira pentear os cabelos quando estiverem úmidos e não totalmente molhados.

❧ Enxágue bem os cabelos após o xampu e retire o excesso de condicionador.

❧ Se o seu cabelo for oleoso, não hesite em lavá-lo todos os dias. A seborreia e a caspa podem piorar o quadro de queda dos fios.

Alopecia androgênica (calvície)

A calvície atinge principalmente os homens. Pode ser charmoso, atraente ou até mesmo ter estilo, mas certamente não combina de forma nenhuma com a beleza feminina.

Como já disse, os cabelos fazem parte da estética e da sensualidade de cada mulher, têm grande importância e, muitas vezes, podem comprometer até a autoestima, caso ocorra uma calvície crônica. Várias podem ser as razões, mas certamente ansiedade e sofrimento emocional são as mais frequentes. Apesar de a incidência ser bem maior nos homens, geralmente a causa da queda de cabelo está relacionada à herança genética, à anemia ou a alterações tireoideanas.

A perda dos cabelos pode se manifestar após a puberdade, quando os hormônios sexuais começam a ser produzidos. Apesar de lenta, a evolução ocorre de forma difusa, diminuindo o volume e tornando os fios mais finos. É raro uma mulher ficar totalmente careca, mas há casos de maior intensidade, principalmente em mulheres de idade mais avançada.

Devido a alterações hormonais, como ovário policístico ou hirsutismo, o quadro pode se agravar ou, até mesmo, com a chegada da menopausa, a incidência pode aumentar em decorrência da bruta queda de produção dos hormônios femininos.

Vale lembrar que a queda de 50 a 100 fios diariamente pode ser considerada normal. Mas caso você perceba uma perda excessiva a primeira atitude a tomar é investigar as causas e buscar os tratamentos.

Tratamentos

Intradermoterapia

A intradermoterapia (mesoterapia) consiste na aplicação de substâncias específicas, através de agulhas finíssimas e pequenas. Dentre as substâncias utilizadas para melhorar a circulação local, nutrir o bulbo capilar e estimular o crescimento dos fios podem-se destacar a biotina, a procaína, o magnésio, entre outras enzimas. Os resultados da intradermoterapia são animadores e bem positivos, pois a medicação age diretamente na derme do couro cabeludo.

Minoxidil

Este é um medicamento de aplicação local, utilizado há uns vinte anos para o tratamento da alopecia. Infelizmente os resultados não são muito satisfatórios nos casos mais severos. Quando a perda de cabelos é mais recente, o tratamento tem melhor efeito. Mas quando o paciente para de usar o produto existe o risco de os fios voltarem a cair.

Loções manipuladas

As loções capilares podem ajudar a diminuir o problema da queda em alguns casos. Mas elas devem ser formuladas de acordo com o diagnóstico médico e personalizadas para os problemas de cada paciente.

Algumas substâncias como a hidrocortisona são eficazes na higienização do couro cabeludo, assim como no controle do excesso de oleosidade, dois fatores que desencadeiam a queda.

Hormônios

Autoexame das mamas

Mensalmente, faça sempre esta avaliação. Em casa ou em suas consultas ginecológicas periódicas, o ideal é que seja aproximadamente oito dias após o período menstrual. É um exame simples, fácil e rápido, além de não custar nada. Lembre-se de que, se descoberto precocemente, o câncer de mama é passível de cura.

Diante do espelho, observe as mamas:

- Veja se o aspecto delas mudou.
- Eleve o braço e veja se alguma região do seio fica presa (retração).
- Observe se os mamilos estão perfeitos, sem ferimentos ou secreções.

Agora, deitada:

- Palpe as mamas, uma depois da outra, procurando alguma alteração (nódulos).
- Palpe também as axilas e verifique se têm caroços.

Observação: Mesmo fazendo o autoexame, visite sempre seu ginecologista.

Tensão pré-menstrual (TPM)

A tensão pré-menstrual, conhecida pela maioria das mulheres por TPM, atinge aproximadamente 75% das mulheres, mas em apenas 8% dos casos os sintomas são intensos. Várias hipóteses já foram desenvolvidas para encontrar as reais causas desses desconfortos, todavia prevalece a teoria de que a influência hormonal do ciclo menstrual interfere no sistema nervoso central. Assim, as mudanças e nuances dos hormônios sexuais femininos interferem nas endorfinas e nos neurotransmissores, tais como a serotonina.

Os principais sintomas são caracterizados por depressão, ansiedade e nervosismo, além de cansaço, distúrbios do sono, dor de cabeça, dores musculares, edemas. Se estes problemas interferem realmente na vida da mulher, apresentando-se na fase pré-menstrual, nada mais natural que procurar tratamentos.

Atualmente, há várias formas de tratamento disponíveis no mercado. Contudo, como a intensidade dos sintomas muda de mulher para mulher, ainda não há tratamentos específicos. Na verdade, o melhor medicamento é aquele que possa reduzir os sintomas da TPM.

Na maioria dos casos, a opção é o uso de métodos contraceptivos, que têm como finalidade a suspensão da ovulação. Apesar de não ter comprovação científica, as vitaminas E e B6, além do cálcio e magnésio, podem ser usadas para minimizar os sintomas desconfortantes. Para os casos mais graves, é essencial uma medicação mais específica. Em algumas pacientes, os antidepressivos são usados para alcançar melhor resultado.

Na verdade, o melhor caminho para controlar a TPM é, antes de qualquer coisa, consultar um ginecologista e descrever a ele os sintomas.

A depressão e a mulher

Inúmeras pesquisas mostram que atualmente a depressão vem atingindo grande parte da população adulta, entre homens e mulheres. E pessoalmente tenho observado na rotina diária da clínica que a maioria das pacientes já passou ou está passando por um quadro de depressão.

Portanto, essa doença que atinge número expressivo da população mundial afeta mais o sexo feminino. Isso porque passamos por vários períodos na vida em que as alterações hormonais ditam as regras. Por isso, todo cuidado é pouco.

Sentir-se apática, cansada ou muito mais impaciente e irritada que o normal nem sempre é apenas sinal de estresse momentâneo.

A depressão é uma doença que atinge todo o seu corpo, humor e pensamento. Ela interfere no modo como você se alimenta, dorme e como se sente em relação a si próprio e às demais pessoas.

Depressão é doença, e não simplesmente baixo astral ou mero estado de espírito. Portanto, necessita de tratamento. É muito importante procurar um profissional capacitado para isso. Dependendo do nível da depressão, pode ser necessário o uso de medicamentos e, nesse caso, o psiquiatra é o profissional mais indicado. Acompanhamento psicoterápico é sempre indicado em caso de depressão, principalmente quando é feito o uso de algum medicamento.

O que costumo observar são pessoas que passam anos mergulhadas numa profunda apatia sem perceber a necessidade de ajuda. A situação de tristeza começa a fazer parte da personalidade do indivíduo, e, muitas vezes, esse caminho não tem volta.

Durante alguns períodos, as mulheres estão mais propensas ao problema. Veja quais são essas fases a seguir.

Menopausa

Estudos indicam que, das mulheres na menopausa pesquisadas, apenas cerca de 5% experimentaram depressão ou infelicidade – taxa semelhante à da população em geral. De qualquer forma, esta é uma fase difícil. A mulher para de menstruar e, assim, não procria mais. Inconscientemente este fato pode contribuir para um quadro de tristeza. Sem falar nos incômodos apresentados, como fogachos, enxaquecas, entre outros. A chance de desenvolver uma depressão aumenta se esta fase coincide com a saída dos filhos de casa. Muitas mulheres que viveram

em função da casa e dos cuidados com a família podem apresentar neste momento um quadro depressivo conhecido como "Síndrome do ninho vazio". Dependendo da intensidade e do tempo de permanência dos sintomas, ajuda profissional deve ser procurada.

Tristeza pós-parto

Pesquisadores especulam que a condição está relacionada a uma alteração hormonal aguda que ocorre após o nascimento do bebê. Embora a melancolia afete de 45% a 80% de novas mães e tenha seu pico de três a cinco dias após o parto, os sintomas – que podem incluir crises de choro, tristeza e instabilidade emocional – desaparecem em geral após duas semanas e não precisam ser tratados com medicação.

Depressão pós-parto

Mais séria que a tristeza, uma depressão generalizada pode ocorrer de semanas a meses após o parto e persistir por até um ano se não for tratada. Apatia, desespero, fadiga extrema e perda de apetite, que caracterizam a depressão pós-parto, afetam de 10% a 28% de todos os casos de maternidade. Notavelmente, mulheres com relacionamento conjugal insatisfatório e baixa renda familiar, combinados com um círculo social restrito, têm maior risco do que a população geral para o desenvolvimento dessa condição. Um dado importante é que muitas vezes a própria mulher não percebe que está em depressão; acha apenas que está exausta e com a autoestima muito baixa. Em geral, são as pessoas que convivem com a mulher neste momento que percebem que algo não está bem.

Depressão da tensão pré-menstrual (TPM)

Embora TPM não seja depressão, as duas condições podem coexistir. Os 5% das mulheres que sofrem de TPM grave podem apresentar sintomas como fadiga, perda de energia ou sensações de tristeza e impotência que imitam os sintomas da depressão. Quando os sintomas graves de TPM persistem por muito tempo, a mulher pode ser tratada da mesma forma que um deprimido clínico. Mulheres com TPM grave apresentam risco mais elevado de depressão pós-parto.

Fique atenta. Observe alguns dos sintomas mais comuns da doença:

- Tristeza contínua, ansiedade ou sensação de vazio.
- Pessimismo, sentimento de culpa.
- Falta de interesse por atividades que sempre proporcionaram prazer.
- Sono excessivo ou insônia.
- Ganho ou perda de peso.
- Diminuição da energia, fadiga, sensação de desânimo.
- Ideias de morte ou suicídio; tentativas de suicídio.
- Irritabilidade, dificuldade de concentração e falta de memória.
- Sintomas físicos e persistentes que não respondem a tratamentos, como as dores crônicas.
- Falta de senso crítico.
- Comportamento social inadequado.

UMA FORCINHA DOS ALIMENTOS

Você sabia que alguns alimentos fornecem nutrientes e substâncias que participam da produção dos neurotransmissores, mensageiros químicos que favorecem a comunicação entre as células do sistema nervoso?
Uma alimentação pobre em carboidratos por vários dias, por exemplo, pode levar a alterações de humor e depressão, assim como uma alimentação com excesso de proteínas.
O caminho é o equilíbrio! Nem de menos, nem de mais.

- **Fontes de proteínas:** carnes magras, peixes, leite e iogurte desnatados, queijos brancos e magros, nozes e leguminosas.

- **Fontes de carboidratos:** pães, cereais integrais, biscoitos integrais, massas integrais, arroz integral e selvagem, frutas, legumes e chocolate amargo (com moderação).

Algumas mudanças

A mulher sempre teve de lidar com várias mudanças em seu corpo: no início da adolescência com o aumento dos seios, a tão esperada menstruação, depois com o convívio das cólicas, da acne e o desafio de aprender a lidar com o próprio corpo em transformação. Na minha época, as meninas demoravam a ter um corpo de mulher; a fase menstrual era mais temida e chegava por volta dos 13 anos. Hoje a puberdade ocorre muito mais cedo, por inúmeros fatores que estimulam a glândula pineal, situada no cérebro e responsável por liberar hormônios. A dra. Joan Borysenko* cita muito bem a participação dos estrógenos de origem externa, utilizados para engordar gado e que alteram o equilíbrio hormonal natural, e os estrógenos miméticos, que são subprodutos de processos de branqueamento à base de cloro e da manufatura de pesticidas.

A mulher hoje é privilegiada, pois os anos de maternidade passaram por inúmeras evoluções. Atualmente, com o controle da natalidade, ela pode escolher a melhor época de sua vida para ter filhos ou até mesmo se quer tê-los.

Com a chegada dos 40 anos, algumas mudanças fisiológicas acontecem, na tentativa de preparar a mulher para uma nova fase de sua vida, com a proximidade da menopausa. Quem chega nessa fase do início da menopausa, deixando um período fértil para trás precisa de uma compreensão maior dessas mudanças. As mulheres modernas chegam nessa fase da vida belas, vigorosas, cheias de luz, com uma beleza especial. Trazem consigo uma sabedoria e experiência que adquiriram com o tempo, vivendo mesmo, e continuam a crescer. Costumam ser muito verdadeiras, com menor tolerância às injustiças e donas de um poder inexplicável.

Como chegar bem nessa fase onde até então só foram colocados os pontos negativos na balança? Nós poderemos aprender muito com o crescimento emocional e espiritual e transmitir valores que dão sustentação e estimulam o crescimento de outras pessoas e a preservação da vida.

---

*Joan Borysenko é escritora, cofundadora e ex-diretora da Clínica Mente/Corpo do New England Deaconess Hospital, na Faculdade de Medicina de Harvard.

Reconheça o poder que possui e organize sua vida aprendendo como a cada dia você é capaz de se tornar mais saudável e feliz.

A mulher é muito sensível ao estresse, e vários estudos comprovam que as sensações negativas agravam os sintomas da menopausa, principalmente quando se fala em ondas de calor (fogachos). A psicóloga britânica Frances Reynolds, do Brunel University College, submeteu a teste a hipótese de que sentimentos negativos podem agravar os fogachos. Reuniu 56 mulheres, e nenhuma delas julgava que tinha qualquer controle quando e se ocorriam os fogachos, embora algumas reconhecessem que podiam controlar seus sentimentos sobre eles. As mulheres que se sentiam muito incomodadas, ou que pensavam estar ficando velhas, ou mesmo que tinham perdido o poder de sedução, informaram que estavam muito mais aflitas do que as que aceitavam bem essa etapa da vida.

Os chineses acreditam que antes da chegada da menopausa há um aumento do elemento ativo, seco, quente, denominado energia *yang*. Antes de completar 35 anos, a mulher é mais *yin*, o que significa ser mais úmida, receptiva e passiva. Durante a mudança de vida, o *yang* começa a ficar mais visível. Essa mulher se torna mais firme em suas ideias, dona de si, pronta para defender-se ou defender outras pessoas. Quando a energia *yang* começa a circular pelos meridianos de acupuntura, o fluxo é princípio irregular, enquanto acontece uma adaptação e se aprende a utilizar a nova energia. Essa manifestação irregular de elevação do *yang* dá origem aos fogachos. Quando os meridianos se abrem para a energia *yang* e acontece uma adaptação e um aprendizado, diz a teoria, o fluxo se estabiliza.

Aos 34 anos, precisei retirar o útero, mas segundo o médico me explicou minha função hormonal foi preservada, pois meu ovários foram mantidos. Já estava divorciada, com um relacionamento fixo e saudável, quando o médico sugeriu que fizéssemos uns exames de rotina para a minha idade, e com o resultado começou o pesadelo. O quê? O estradiol está muito baixo? O que é estradiol? Fui até o ginecologista, que calmamente me explicou que eu começava a fase da menopausa e que poderia: engordar, ter ondas de calor, ficar sem lubrificação na

vagina, perder a libido, entre outras coisas das quais não gosto nem de lembrar. De repente eu, que nunca me preocupei ou fui preparada para viver esse momento, caí em um túnel que não tinha fim.

Os hormônios me engordaram, fiquei sem atração sexual e, o pior, comecei a não me sentir atraente (nem quando tirei o útero me senti assim!!!). Passei a chorar, ninguém gosta de ouvir queixas e eu me queixava muito, estava sofrendo e não via salvação. Os filhos, a nora e o companheiro não podiam mais ouvir falar sobre o assunto menopausa. Sei que eles me amavam naquele momento, mas é difícil lidar com tantas queixas, então passei a visitar os consultórios médicos e chorei em quase todos da minha cidade. Se eu fosse falar da unha do pé, começava a falar primeiro da menopausa e a chorar.

Ninguém nunca me disse que seria assim e o que eu poderia fazer para ser menos sofrido. Foi quando me vi sozinha e triste que uma força surgiu do fundo da minha alma e me mostrou o caminho do amor e da autoestima. Percebi que só eu poderia me curar. Comecei a me amar muito, cuido da minha aparência, faço ginástica e, acreditem, hoje com 54 anos me sinto poderosa, dona dos meus desejos. Minha vida sexual é maravilhosa, tenho orgasmos quando quero e estou muito feliz com o mesmo parceiro.

R. E. B., 57 anos, empresária

CONHECENDO A REPOSIÇÃO HORMONAL

Afinal, o que é TRH?

Em uma era de siglas e códigos, todos os dias somos bombardeados por letras e informações para decifrarmos. São os males dos raios ultravioleta, UVA e UVB, a influência da TPM na vida da mulher, as infecções por HPV e até as nomenclaturas mais difíceis dos índices econômicos. Assim, a TRH, que quer dizer Terapia de Reposição Hormonal, é muito conhecida em seus estudos, tratamentos e opiniões controversas.

A TRH é indicada para mulheres que estão entrando no período do climatério, da menopausa ou que, por algum motivo, tiveram os ovários removidos. O climatério é o período que abrange toda a fase em que os hormônios produzidos pelos ovários vão progressivamente deixando de ser fabricados, incluindo a transição entre as fases reprodutiva e não reprodutiva da vida da mulher.

A principal característica deste período são a alteração e a parada do ciclo menstrual. A diminuição da produção dos hormônios estrogênio e progesterona torna inicialmente os ciclos mensais irregulares, até cessarem por completo. O desaparecimento total dos ciclos leva por volta de 6 a 12 meses. Apesar de não haver idade predeterminada para a menopausa, geralmente ela ocorre entre os 45 e os 55 anos. Já em alguns casos pode ser mais prematura, ocorrendo a partir dos 40 anos, sem que isso seja um problema.

Assim, a TRH fornece à mulher no período pós-menopausa os hormônios ausentes, embora não na mesma quantidade produzida pelos ovários. Já nas pacientes que tiveram os ovários removidos, não há necessidade da ingestão de progesterona, responsável pela proteção endometrial ou ovariana.

Sintomas de deficiência hormonal

Nesse período ainda ocorrem alterações físicas e psíquicas importantes que prejudicam a qualidade de vida da mulher. Durante a menopausa, ocorrem alguns sintomas desagradáveis:

- Fogachos (ondas de calor) que, frequentemente, estão associados a suores intensos e, às vezes, a tonturas e palpitações.

- Insônia associada aos suores noturnos, que fazem a mulher acordar à noite, prejudicando-lhe o sono.

- Osteoporose. Por causa da falta dos hormônios femininos, os ossos ficam mais porosos e frágeis, acarretando não só o encurvamento da coluna, conhecido como "corcunda da viúva", mas também aumento considerável no risco de fraturas, principalmente nos quadris.

❧ Diminuição de elasticidade da pele, principalmente da região da face e do pescoço.

❧ Alterações nos órgãos sexuais, causando dor e desconforto durante as relações sexuais, como secura vaginal e coceira.

❧ Cefaleia, vertigem e nervosismo.

❧ Instabilidade emocional, depressão e irritabilidade, que podem ser agravadas por problemas domésticos e no trabalho.

Benefícios da TRH

Ao contrário do que muita gente pensa, essas alterações podem e devem ser tratadas a fim de proporcionar uma vida tão longa e saudável quanto possível e não apenas evitar uma doença em particular.

A ausência do estrogênio e da progesterona, importantes para o funcionamento de muitos tecidos do organismo da mulher, pode a longo prazo trazer outras alterações. O simples aumento das gorduras que circulam no sangue e que se depositam na parede das artérias pode levar à aterosclerose, elevando assim o risco de doenças cardiovasculares como infartos, derrames cerebrais e hipertensão.

Veja o que acontece quando tem início o tratamento de reposição hormonal:

❧ As ondas de calor e os distúrbios de sono começam a diminuir em duas ou três semanas.

❧ O envelhecimento da pele é retardado com a estimulação da produção do colágeno e a hidratação da pele.

❧ Será evidente também a melhora nos sintomas vaginais adversos, como umidade, elasticidade, incontinência urinária e, é claro, a sexualidade.

Além disso, a terapia de reposição hormonal traz outros benefícios:

❧ Previne o enfraquecimento dos ossos.
❧ Diminui o risco de infarto.
❧ Controla a pressão alta.
❧ Diminui o risco de derrames cerebrais.
❧ Evita o aparecimento da doença de Alzheimer.

Algumas modificações no cardápio e no ritmo de vida podem contribuir para amenizar os efeitos desta fase. Algumas dicas:

❧ Pratique exercícios regularmente. As caminhadas, a natação e a dança ajudam, pois além de fortalecerem músculos e ossos combatem a depressão, a ansiedade e a insônia, elevando a autoestima.

❧ Beba bastante água, principalmente após as atividades físicas.

❧ Adote uma dieta rica em cálcio, ingerindo laticínios e vegetais verdes.

❧ Aumente o consumo de frutas e legumes.

❧ Evite café, cigarro, açúcar e chás que contêm cafeína, porque fazem aumentar a perda de cálcio dos ossos.

❧ Reduza o consumo de carne vermelha e substitua-a por carne branca.

❧ Diminua o consumo de alimentos gordurosos.

❧ Evite álcool em excesso.

❧ Consuma alimentos à base de soja e seus derivados, assim como o ginseng, o aipo, a erva-doce, as amêndoas e os brotos de feijão, que contêm os chamados fitoestrogênios ou isoflavonas. Esses são compostos vegetais que se transformam em uma substância que atua no corpo de forma semelhante ao estrogênio.

Maneiras de realizar a TRH

Há diversas maneiras de administrar os hormônios no tratamento de reposição: via oral, transdérmica, vaginal e injetável. Porém, no Brasil, costuma-se utilizar as duas vias mais comuns: a transdérmica, espécie de adesivo colocado na pele uma ou duas vezes por semana, e a oral. Você também pode optar pelos implantes, que são colocados embaixo da pele e duram seis meses.

Lembre-se: nunca inicie ou interrompa qualquer tratamento hormonal sem supervisão do seu médico ginecologista.

A polêmica

A TRH é um procedimento clínico recente na história da medicina. Até oito anos atrás, o tratamento era considerado um método imprescindível, mas com os novos estudos sabe-se que a TRH pode beneficiar algumas pacientes e que a prescrição médica deve ser baseada na idade da mulher, em seu estado de saúde, observando o risco de desenvolver doença cardíaca, osteoporose e câncer. Dessa forma, o tratamento não deve ser padronizado, já que cada mulher é um caso distinto, variando assim o regime terapêutico a ser adotado, as doses e vias a serem empregadas, o tempo de utilização dos hormônios, os benefícios e os riscos.

Para muitos, a reposição ainda causa controvérsias. Segundo trabalho publicado pelo *Journal of American Medical Association* (JAMA), em 2002, o estudo chamado "Women's Health Iniciative" (WHI) mobilizou toda a categoria em âmbito internacional. Vinte e sete mil mulheres americanas, entre 50 e 80 anos de idade, na fase pós-menopausa, foram avaliadas, e discutiram-se os efeitos da TRH sobre o risco de infarto do miocárdio e câncer de mama, prioritariamente.

O WHI mostrou haver aumento não só do risco de câncer de mama, infarto do miocárdio, acidente vascular cerebral, mas também de tromboembolismo venoso. Por outro lado, a pesquisa comprovou a diminuição do risco de fraturas do quadril e de câncer de cólon e reto, ambos considerados uma forma mais letal de câncer do que o desenvolvido na mama.

O estudo também evidenciou que o risco de câncer de mama aumenta de modo significativo com o tempo de uso da medicação. Todavia, já há uma tendência mundial em administrar o tratamento da reposição hormonal em baixas doses.

Até hoje, dúvidas e incertezas persistem. Estudos e pesquisas continuam sendo realizados no intuito de encontrar outras drogas não hormonais capazes de produzir os mesmos ou próximos benefícios, além de proporcionar alívio aos sintomas do climatério, em busca de melhor qualidade de vida.

Já existem alguns estudos sendo feitos com a isoflavona para uma reposição hormonal natural e homeopática. Este componente ajuda a diminuir principalmente as ondas de calor e reduz os níveis de colesterol. Porém, com relação à prevenção de câncer e osteoporose, assim como à redução do risco de doenças cardiovasculares, ainda não há nenhuma comprovação científica suficiente para justificar seu uso. Quanto à substituição de tratamentos convencionais por isoflavonas ou mesmo sua introdução complementar em esquemas terapêuticos, só deve ser feita após avaliação e sob exclusiva orientação do médico responsável pelo tratamento.

Séculos atrás a expectativa de vida das mulheres não passava de 50 anos de idade. Hoje a realidade é outra, e a média é por volta de 80 anos. A menopausa não deve ser encarada como uma doença, mas apenas como mais uma fase na vida da mulher.

Invista na qualidade de vida

BENEFÍCIOS DA ACUPUNTURA

Relatos e escritos mais antigos já encontrados por arqueólogos sobre acupuntura datam de 2000 a.C. e indicam que, nessa época, os chineses já a utilizavam amplamente para curar diversas moléstias. Por isso, historiadores e arqueólogos calculam que a prática da acupuntura iniciou-se há mais de 5 mil anos.

Acredita-se que a acupuntura começou por meio da observação de que a pressão de determinadas áreas do corpo proporcionava efeito analgésico e de bem-estar em pessoas enfermas. Através da experimentação ocorrida por muitos séculos, a pressão com as mãos ou com os dedos foi substituída pela perfuração dos pontos, utilizando-se agulhas finas, que, em tempos remotos, eram feitas de farpas de bambu ou de lascas de pedra e que, mais tarde, passaram a ser fabricadas em ouro e prata.

Os antigos chineses perceberam que essas perfurações com agulhas causavam efeitos terapêuticos mais evidentes e duradouros do que o simples massagear do corpo.

A mistura de religião e terapêutica era comum na China antiga graças ao sincretismo religioso de seu povo. Nas crenças religiosas chinesas acreditava-se que as doenças eram causadas por maldições ou demônios. Por conta disso, seria melhor perfurar o doente do que massageá-lo, pois a perfuração de determinados pontos faria com que os demônios que tivessem "invadido" o corpo do enfermo, causando a doença, saíssem da pessoa, deixando-a em paz e com saúde.

Há muitos séculos o conceito religioso foi posto de lado e a acupuntura ganhou status de terapia medicinal, visando equilibrar e restabelecer a saúde do indivíduo.

O despertar da curiosidade sobre a acupuntura no Ocidente nasceu com os franceses no século XIX, em decorrência de sua presença na Indochina.

Na época, a tradução dada à prática de curar com agulhas foi "acupuntura", que possui origem no latim. "Acu" significa agulha e "puntura" perfurar. A junção das duas palavras traduzida para a nossa língua seria "inserir agulhas".

Em que se baseia

A medicina tradicional chinesa acredita que o Universo é composto de dois princípios: o *yin* e o *yang*. Erroneamente, esses princípios, às vezes, são interpretados como negativo (*yin*) e positivo (*yang*), dando a entender que *yang* é bom e *yin* é ruim.

Na verdade, sua definição é muito mais profunda e filosófica. A explicação resumida mais próxima do correto é que ambos são princípios energéticos opostos e também complementares, que devem coabitar no ser de maneira harmoniosa, a fim de manter a saúde da pessoa.

Dentro do conceito de *yin* e *yang*, a pessoa é tratada como um ser integral, diferente da medicina ocidental, que considera o ser humano em partes distintas – o famoso conceito de que o homem é dividido em "cabeça, tronco e membros".

Já na acupuntura não se considera que uma pessoa está com o fígado ou o pulmão doente, e sim que ela passa por um desequilíbrio de energias (*yin* e *yang*). Dessa maneira, esse desequilíbrio se manifesta através de um distúrbio dos órgãos ou de seu estado emocional e mental. Por isso, não se trata o órgão doente ou a doença, mas sim o indivíduo como um todo.

Essa visão possibilita que distúrbios físicos, mentais ou emocionais sejam tratados com igual valor e importância dentro da visão de ser integral, dando mais abrangência às possibilidades de tratamento. O corpo humano possui 12 meridianos principais ou regulares que estão ligados aos órgãos principais: pulmão, intestino grosso, estômago, baço-pancrêas, coração, intestino delgado, bexiga, rins, pericárdio, vesícula biliar, fígado e triplo aquecedor. Este último, sendo a analogia das funções viscerais do tronco, dividindo-se em três partes: no baixo ventre, no umbigo e no peito. Além desses meridianos, temos outros 8 meridianos extras ou secundários e outros 15 meridianos colaterais.

Os meridianos se ligam aos órgãos e se comunicam entre si, permitindo que as energias fluam pelo corpo para nutrir os órgãos e manter a saúde. Quando ocorre bloqueio da passagem de energia nos meridianos, ocorre também o surgimento de doenças físicas, mentais ou distúrbios emocionais.

O corpo humano possui 670 pontos distribuídos sobre os 12 meridianos principais e 2 meridianos extras chamados *vaso governador* e *vaso conceptor*. Além desses, existem outros 333 pontos espalhados pelos demais meridianos extras e colaterais e pontos localizados fora deles, chamados pontos extras. Sem contar ainda os cerca de 200 pontos existentes em cada orelha e utilizados pela aurículo-acupuntura. Encontramos aí um total de mais de 1.200 pontos de acupuntura, que combinados servem para tratar uma infinidade de doenças.

Ao se perfurar esses pontos com as agulhas, que são feitas de material metálico e extremamente finas, é ativada a circulação de energia nos meridianos. Desta forma, são transmitidos estímulos que percorrem canais energéticos até chegar aos órgãos cuja energia precisa ser reequilibrada. Em consequência, ocorre a melhora da saúde; através da diminuição do estresse pelo relaxamento muscular há o equilíbrio do estado emocional e metabólico e a redução da dor. Assim, esses fatores promovem o bem-estar do indivíduo.

Cada ponto da acupuntura gera reações e resultados diversos, e por esse motivo o resultado da terapia depende da seleção correta dos pontos a serem perfurados, e a escolha deles depende de um bom diagnóstico, conforme as teorias da medicina tradicional chinesa.

É possível que os mais céticos não aceitem essas explicações dadas pela medicina chinesa para justificar os efeitos e benefícios alcançados com a acupuntura.

Contudo, a medicina ocidental, desde a década de 1970, vem estudando os efeitos da acupuntura e encontrando explicações fisiológicas que comprovam não somente os benefícios alcançados, mas também justificam o porquê de cada vez mais pessoas buscarem essa terapia e conseguirem resultados satisfatórios.

Já é comprovado que após uma sessão de acupuntura o próprio organismo libera substâncias como: neurotransmissores, serotonina, encefalinas, endorfinas, cortisol, beta-endorfinas, dinorfinas etc., que produzem efeitos analgésico, anti-inflamatório e antialérgico, além de serem relaxantes musculares e calmantes. Reduzem a dor, a ansiedade e a depressão e equilibram o organismo inteiro.

Benefícios físicos e emocionais

Podemos destacar problemas que afetam tanto homens quanto mulheres e que são muito comuns: cefaleias, gastrites, dores de coluna, dores musculares em geral, estresse, ansiedade, depressão, disfunções sexuais, como a frigidez, problemas relacionados ao controle do peso. Nesses casos, a acupuntura pode ser um grande auxílio para o reequilíbrio, possibilitando vários benefícios para a saúde.

TPM e distúrbios da menopausa

Quanto aos problemas específicos das mulheres, podemos destacar o tratamento e o auxílio nas alterações do ciclo menstrual, nos sintomas da TPM, nas cólicas menstruais e nos distúrbios da menopausa.

O auxílio ocorre em razão da produção e estimulação de hormônios promovido pela acupuntura.

Estética

Outra área em que a acupuntura pode gerar grandes benefícios é na estética, prevenindo e tratando o aparecimento de rugas e o envelhecimento precoce da pele.

A acupuntura estimula o metabolismo, acelera o processo de divisão celular, ativa a produção de fibroblastos e a síntese de colágeno. Os músculos faciais ficam mais rígidos, e o aspecto geral da pele melhora.

O fato é que a acupuntura serve para tratar qualquer tipo de disfunção, graças ao seu princípio de tratamento, que considera o ser humano como um todo.

Mas é importante ressaltar que a acupuntura não é uma técnica milagrosa que cura qualquer tipo de doença. É fundamental que o paciente busque sempre a orientação de um médico especialista na área em que ele apresenta o problema e que utilize a acupuntura como auxiliar no tratamento clínico ou como alternativa terapêutica a ser usada quando outras terapias clínicas ou medicamentosas não surtiram efeito, mas ainda assim mantendo acompanhamento médico.

A acupuntura é uma terapia tão segura e eficaz que a Organização Mundial de Saúde reconhece seu uso para dezenas de tipos de patologias. Nos Estados Unidos, o Instituto Nacional de Saúde reconheceu, em novembro de 2000, a eficácia da acupuntura em vários casos estudados e aprova a sua utilização terapêutica em náuseas e vômitos de pacientes submetidos à quimioterapia, em gestantes e recém-operados, nas dores decorrentes de extrações dentárias, no tratamento da asma, entre vários outros casos.

Portanto, pode ser recomendada para quase qualquer tipo de problema, havendo poucas restrições para o seu uso.

A medicina chinesa como um todo

A medicina tradicional chinesa não se resume à acupuntura. Ela é muito rica em valores filosóficos e, por isso, considera que a saúde se alcança não só com a acupuntura, mas com uma série de outros fatores e atitudes.

Considera-se que a acupuntura é uma pequena, porém muito importante parte da medicina tradicional chinesa, que também engloba técnicas de massagem, como o Tui Na, de alimentação e tratamento com ervas e fitoterapia, além de atividade física e exercícios respiratórios, como o Qi Gong. Há ainda os exercícios mentais, na busca do equilíbrio orgânico e energético.

A acupuntura é uma alternativa na busca do equilíbrio, mas não é a única maneira de obtê-lo, pois a conscientização da melhora de padrões de alimentação, de atividade física e de teor de pensamentos, além de ser fundamental para que o ser humano se afaste cada vez mais da doença e se aproxime da felicidade promove a harmonização com as forças que regem o Universo. Assim, a melhora do indivíduo sempre dependerá de suas atitudes e da consciência que ele desenvolve de si mesmo e de seus problemas.

A busca da harmonia não se faz somente de fora para dentro, aguardando que alguém o auxilie. Faz-se, principalmente, de dentro para fora, tendo o desejo de transformar o que está errado em si, buscando o que é melhor para sua vida e, dessa maneira, influenciando o mundo de forma positiva com boas atitudes.

REEDUCAÇÃO POSTURAL GLOBAL (RPG)

A RPG promove a reeducação dos músculos, a harmonia das forças musculares e o equilíbrio da distribuição do peso no corpo, o que gera a diminuição do esforço excessivo de certos músculos e reduz as dores musculares, melhorando a postura.

É indicada para quem apresenta desde alterações posturais até sintomas incômodos, como dores nas costas, na coluna vertebral, articulares e musculares além de ser um dos tratamentos mais indicados para a correção ou melhora de escolioses, hiperlordoses, hipercifoses e hérnias.

O ser humano, no decorrer da vida, é levado a desenvolver alterações posturais causadas por vários fatores: excesso de peso; atividade física realizada de maneira errada; falta de atividade física; falta de tônus muscular; falta de elasticidade muscular (alongamento); trabalho realizado em local não ergonômico; herança genética; alteração de estado emocional; envelhecimento, entre outros. Com o tempo, todos esses fatores podem levar a dores musculares ou à insatisfação com a imagem refletida no espelho.

Vantagens

Pode ser aplicada em qualquer pessoa, desde os 7 anos até a terceira idade.

É eficaz para:

- Prevenção de lesões e manutenção da elasticidade corporal.
- Escoliose, hiperlordose, hipercifose e outras alterações de postura.
- Patologias respiratórias.
- Dores na coluna ou nas articulações.
- Lesão por esforço repetitivo (LER) e Distúrbio osteomuscular relacionado ao trabalho (DORT).
- Dificuldades para caminhar e alterações do equilíbrio.

Postura tem tudo a ver com beleza

Uma postura correta está diretamente ligada à beleza. Faz parte do conjunto harmônico do corpo. A reeducação postural global (RPG) é um método que foi criado pelo fisioterapeuta francês Philippe Emmanuel Souchard em 1980. Considerando que todas as alterações posturais e todas as lesões musculares ou articulares trazem consigo retrações nos músculos da estática, ou seja, nos músculos que sustentam o corpo, o método RPG busca reorganizar esses músculos através do reequilíbrio das diversas cadeias musculares nas quais eles se organizam.

Após uma análise cuidadosa da postura corporal do indivíduo, o fisioterapeuta especializado em RPG emprega posturas de estiramentos globais suaves e progressivos, que buscam devolver a harmonia e a funcionalidade ao corpo. À medida que vai reencontrando uma forma mais harmoniosa de se colocar no espaço e se movimentar, desaparecem as dores causadas pelas tensões ou retrações musculares, mesmo aquelas dores crônicas e antigas, e o indivíduo naturalmente assume uma postura mais confortável e adequada.

YOGA E MEDITAÇÃO

A busca pelo equilíbrio físico e mental é uma tendência muito forte neste novo milênio. Apesar do corre-corre da vida diária, dos grandes avanços tecnológicos, das informações cada vez mais precisas e instantâneas, homens e mulheres estão resgatando alguns conceitos adormecidos. E as práticas vindas do Oriente, como a yoga e a meditação, estão conquistando cada vez mais adeptos.

Yoga é uma atividade física e mental que permite nos conectarmos de forma natural e harmônica com nosso ser interior, atingindo uma melhora significativa nos três planos do ser: físico, mental e espiritual.

A palavra *yoga* deriva da raiz sânscrita *yuj*, que significa "união, conexão".

O objetivo de todos os yogues (praticantes de yoga) é vincular o homem – o finito – com o infinito, com a consciência, com a verdade, com Deus, com luz, ou como se queria chamar.

A yoga, como se fala na Índia, é o casamento do espírito com a matéria. Patanjali, a quem se denomina o pai da yoga, foi o primeiro a colocar por escrito o que até então tinha sido comunicado verbalmente por mestres e gurus a seus alunos. Foi só em 1893 que Swami Vivekananda se fez conhecer nos Estados Unidos, sendo o primeiro mestre a difundir seus princípios no Ocidente.

Muitas vezes, a yoga acaba sendo confundida com uma religião, mas isso é um grande erro, já que é uma filosofia, uma prática de vida, cujo objetivo representa o reencontro com nossas próprias e naturais fontes, nossa origem. Pode ser praticada por qualquer pessoa, sem restrição de sexo, etnia, idade ou religião, já que não busca afastar ninguém de suas próprias convicções, e sim ajudar a melhorar a cada um como ser humano.

Não existe idade certa para o início da prática da yoga. No entanto, os ássanas (posturas físicas) serão mais bem assimilados por crianças acima de 6 anos.

No caso da meditação, pode ser feita em qualquer idade, já que existem meditações específicas até para os pequenos.

Yoga e menopausa

A yoga pode equilibrar as emoções e melhorar os desconfortos da menopausa. Alguns ássanas, como flexões em pé ou sentada, inclinada para a frente, em geral acalmam a mente e o sistema nervoso, trabalhando também as glândulas suprarrenais.

A saudação ao sol (sequência de posturas) atua também como ótimo antidepressivo.

Aprender a lidar com o estresse por meio da prática diária da ioga e de meditações pode ser de enorme utilidade no caso de mulheres que sofrem com mudanças de humor, depressão, dores de cabeça e ondas de calor.

Não se esqueça de que o mal-estar dessa fase será breve e que você poderá vivenciar essa experiência como uma passagem para futuros anos de sabedoria.

A menopausa se apresenta em uma idade na qual, paulatinamente, percebemos o começo de alguns sintomas e sinais de um desgaste corporal. Talvez uma das dificuldades maiores seja a incipiente presença da rigidez, especialmente nas articulações e na co-

luna vertebral. Com a yoga reparamos, recuperamos e ajudamos a manter nossa flexibilidade, favorecendo nossa agilidade, o que nos dará uma forte sensação de juventude, vigor e saúde.

No aspecto espiritual, as meditações e os exercícios de relaxamento nos ajudam de maneira inestimável a adquirir uma equilibrada aceitação do processo natural da menopausa. Todo ciclo de vida é uma transformação constante. E esta aceitação nos traz alegria, principalmente nesta etapa que deixamos de ter a possibilidade de procriar, mas na qual, sem dúvida, podemos continuar sendo criativas através dos nossos dons. Assim, a yoga nos brinda com flexibilidade não só física, mas também mental e espiritual.

M. R. P., 50 anos

Os benefícios da prática

No plano físico, as posturas possuem propriedades preventivas, recuperativas e curativas. Com a prática regular, o corpo se beneficiará também de melhora no alongamento, aumentando a tonicidade muscular.

No plano mental, são inúmeros os benefícios que se desenvolvem com a prática regular e diária da meditação. Entre eles, o desenvolvimento de melhor concentração, diminuição da agitação mental e capacidade de relaxar profundamente.

No plano espiritual, a tomada de consciência física e mental permite desenvolver o equilíbrio das emoções e restabelecer o contato com o eu interior. Claro que a yoga não irá resolver todos os nossos problemas, mas nos ensinará mudar a nossa atitude diante deles, a valorizar as pequenas coisas de todos os dias e a ter uma existência mais plena e rica em harmonia com nós mesmos, com os demais e com a vida.

As aulas de yoga se compõem de meditação, posturas físicas e relaxamento. Quando o praticante tiver algum impedimento físico, algumas das posturas não serão indicadas. No entanto, ele poderá se beneficiar dos efeitos da meditação e do relaxamento.

Você sabia que existem posturas específicas até para aliviar a tensão pré-menstrual? Um problema que nós, mulheres, muitas vezes temos de enfrentar durante grande parte da vida. Além disso, a prática de meditação, que envolve o aquietamento da mente e exercícios de respiração, irá ajudar a mulher a atingir o relaxamento dos órgãos internos, proporcionando alívio imediato.

É fundamental que durante esse período o critério mais importante para a prática da yoga seja o conforto, escolhendo as posturas que lhe tragam bem-estar.

Como a yoga é uma filosofia de vida, o ideal é praticá-la todos os dias, criando um espaço em casa, no trabalho ou até dentro do carro para fazê-la. Você poderá dedicar-se ao menos 15 minutos todos os dias à prática da meditação ou da respiração consciente.

Já na primeira aula, o praticante sente ter restabelecido o contato com seu corpo e com sua alma. Depois de cada aula, ele sentirá uma nova experiência, tanto no plano físico como no plano mental. Esse é o grande segredo da yoga: quem pratica irá desenvolver um interesse por conhecer e se aprofundar cada vez mais nos ensinamentos.

A meditação

Procure um lugar tranquilo e agradável, coloque uma música calma, escolha uma essência para o ambiente. A essência de lavanda é a mais indicada, já que seus efeitos terapêuticos são calmantes.

Sente-se em uma posição confortável, com a coluna ereta e as mãos relaxadas, com as palmas da mão para cima.

Comece a perceber a sua respiração e vá lentamente aprofundando-a. Em cada inspiração, projete o abdome e o peito para a frente, e a cada expiração faça o inverso, projetando o abdome para trás. Repita essa respiração várias vezes e comece a entrar em contato com seu corpo.

Sem perder o ritmo lento, continue inspirando prana, ou energia vital, e se conscientizando da importância da paz interior, da saúde e do bem-estar.

Aprendendo a viver a felicidade

*E*u sempre ouvi falar, e acredito que você também tenha ouvido, que "a felicidade não existe, mas sim momentos felizes". Realmente a vida é feita de altos e baixos, e isso vale para todos, em qualquer lugar do mundo. Agora mesmo alguém deve estar muito feliz realizando o sonho da sua vida, enquanto outros podem estar passando por momentos delicados, sofridos, de indecisão ou receio diante da sua realidade. Seja qual for o momento, nunca desista dessa tal felicidade – sei que ela existe e está com você. Dificuldades virão e serão superadas, acredite!

E sobretudo não se esqueça de sonhar, mas sonhe grande e se possível em voz alta, porque o Universo costuma ouvir e nos dá um equipamento especial para realizar esse sonho.

Crie hábitos saudáveis para toda a vida:

- Ame-se.
- Aprenda a sorrir.
- Ajude o próximo.
- Trabalhe.
- Seja honesto.
- Preserve a natureza.

- Realize seus sonhos.
- Encontre a sua felicidade.
- Proporcione felicidade às pessoas.
- Tenha amigos.

> Tenha amigos verdadeiros. Eles podem ser poucos, mas que sejam verdadeiros. E não esqueça: sonhe, sonhe muito. Sempre é tempo de realizar seus sonhos.

VIVENDO E APRENDENDO

Não sei...
Se a vida é curta ou longa demais para nós,
Mas sei que nada do que vivemos tem sentido,
Se não tocamos o coração das pessoas.

Aos 75 anos, a escritora Cora Coralina publicou seu primeiro livro. Ficou famosa principalmente quando suas obras chegaram até as mãos de Carlos Drummond de Andrade, quando ela contava quase 90 anos.

Quando completou 95 anos, ela disse: "Venho do século passado e trago comigo todas as idades do mundo".

Chegar bem aos 70 anos. O que isso significa? Para a maioria das pessoas, essa pode parecer uma realidade difícil ou até impossível. Os 70 anos nos remetem à figura de uma vovozinha tricotando numa cadeira de balanço, vivendo única e exclusivamente para a família e sem muitas expectativas para o futuro. Esperando o tempo passar. Vendo a vida dos jovens correndo lá fora e apreciando os novos tempos pela janela. Mas para que falarmos de futuro se o presente está aqui?

Como aceitar as impossibilidades da idade, porém ressaltando o quão maravilhosa é a vida e que o tempo deve ser nosso amigo?

O tempo, tão temido na terceira idade, pode se tornar um grande aliado. Perdoem-me por usar o termo "terceira idade", afinal deveria ser chamado de "melhor idade". A idade da experiência, de perspectiva para o presente, para a valorização do agora, de não deixar nada para amanhã. Já pensou se em todas as fases da vida nós tivéssemos essa gana de viver?

As mulheres aos 70 anos devem ter ânsia de viver e aproveitar o máximo que a vida pode lhes dar.

Conheço alguém assim, uma mulher muito especial, uma guerreira. Seu nome é Marieta. Uma mulher de vanguarda, que nunca se contentou em ser meio feliz.

Viva na fala e feroz em seus quereres, Marieta vibra em cada olhar, em cada gesto, em cada tom. É daquelas que quando falam nos hipnotizam com seus lindos olhos azuis, da cor do mar Egeu, a ponto de ousarmos sentir o cheiro das coisas e cores de uma época.

Intensa, provocadora e até revolucionária, Marieta viveu além do seu tempo. Para uma época ainda arraigada a muito valores conservadores, aceitou seu futuro aos 17 anos, em 1951, quando casou-se. Iniciou a vida, como diz.

Mulher, esposa e mãe, ousou. Com apenas oito anos de casamento, em 1959, propôs a separação. E como todas as mulheres à frente de seu tempo sofreu preconceitos e retaliações. Julgaram-na por sua coragem. Mas mulher bem resolvida e dona do seu nariz nunca fez se importar com os olhares dos outros e não se deixou atingir.

Nas décadas de 1950 e 1960 as separações eram raras; a mulher ainda era vista como mero objeto. Posse do pai quando menina, posse do marido quando jovem e, se porventura ficasse viúva, da família do pai do marido morto. De lá para cá muita coisa mudou. E foi com a ousadia de mulheres como Marieta que somente em 1977 foi introduzida a Lei do Divórcio, dando aos cônjuges a oportunidade de pôr um fim ao casamento e constituir nova família.

Otimista e lutadora por natureza, Marieta sempre encarou a vida como um grande desafio. Acredita que o dia seguinte será melhor que ontem e que o sol, após uma tempestade fria e angustiante, sempre brilhará mais intensamente. Acumula algumas tristezas e muitas alegrias. Para ela, a vida é feita de desafios, e o crescimento e o amadurecimento são o resultado direto dos obstáculos, dos tombos e das dificuldades que encontramos.

Procura manter a mente aberta, livre de preconceitos. Confessa ter criado os filhos num ambiente onde era proibido proibir. Não havia sanções nem censuras em sua casa. Falava abertamente sobre sexo, gravidez, aborto, virgindade, preservativos e drogas. É uma mulher que impõe respeito e afirma que nunca quis ser juiz de ninguém, nem dos próprios filhos.

Sempre trabalhou muito. Primeiro com moda, dona de uma butique, depois na loja com o marido, situada na avenida Cidade Jardim, que fica num bairro nobre da cidade de São Paulo, onde desenhavam e fabricavam móveis maravilhosos. Nas férias viajavam o mundo procurando tecidos e objetos de arte para decorar ambientes sofisticados de São Paulo. Foram 55 anos de empenho e dedicação ao lado do segundo marido.

Os filhos cresceram, o tempo passou. E passou para ela também. Quando nova, chamava muito a atenção. Era muito bonita, e ainda o é. Seu segredo? Cuidar-se. Respeitar os limites da idade, pois envelhecer é obra imponderável.

Marieta reconhece esses limites. Não teve problemas aos 40 ou aos 50 anos com a menopausa. Seu corpo mudou, e ela procurou sempre fazer caminhadas, cuidar bem do corpo e da mente. Para ela, a idade nunca foi um problema.

Hoje, aos 71 anos, ainda faz seu ritual de cuidados e vaidade: sempre limpa a pele antes de dormir, não se expõe muito ao sol para evitar manchas, tem boa alimentação, faz terapia, cuida dos dentes e realiza todos os exames de rotina com a frequência necessária. Sempre arrumada desde a hora que acorda até a hora de dormir, gosta de se sentir mulher. Seu pecado? É uma chocólatra inveterada.

Viúva há alguns anos, Marieta diz estar aberta para um novo amor. Acha importante ter alguém como companhia. Mas ainda continua exigente e muito seletiva. Gosta de homens mais maduros e seguros. Marieta, senhora de muitos amigos, vive uma vida bem agitada e cheia de compromissos. Não dispensa uma viagem, principalmente na companhia dos filhos e netos.

Marieta vive seu tempo intensamente. Brinca com as horas, engana os minutos e atrasa os segundos. Tempo? Que seja eterno enquanto dure.

> Talvez o amor seja como um lugar de repouso ou um abrigo para a tempestade. Não sei. Mas uma coisa é certa: nunca é tarde para nada nesta vida. Seja para um novo amor, para mudar de profissão ou cuidar do espírito ou do corpo. Nunca é tarde para viver, encontrar a paz e a felicidade. O amor não está muito longe, está em tudo ao seu redor: no seu trabalho, na sua família, nos amigos, em tudo. Ele está presente, está sempre presente. Somos nós que, muitas vezes, não conseguimos vê-lo.

TENHA FÉ

A fé em Deus, no homem, na vida, na natureza, em uma força, em uma luz, em um caminho...

Existem momentos em que a vida nos coloca em canoas que muitas vezes pensamos estar furadas, mas na realidade estamos simplesmente passando por processos de aprendizado. Sinto que as dificuldades da caminhada são como degraus que nos levam ao alto e fortalecem nossa alma. Alguém lá em cima, e eu acredito firmemente no que digo, está querendo de alguma maneira saber o que você vai fazer com essa pequena canoa. Desesperar-se, remar, pular e se afogar, o que será? Quando se encontra em situações desse tipo, em que você pensa? Pede ajuda a quem?

Quando está sozinho com seu travesseiro e aqueles sentimentos chegam todos à sua cabeça, a velha e frágil criança que tem medo e quer berrar, pedir socorro, gritar para o mundo que o peso está grande e não se sente capaz, você chama por quem?

Precisamos acreditar em algo, em uma energia curadora que nos alimenta e recupera os nossos ciclos. Seja no que for que você acredite – e penso sempre nas pessoas acreditando em energias de amor, paz e harmonia –, tenha fé, mantenha sua luz, crie ideais, movimente o mundo, mas vá até onde o seu coração pedir, ouça o que ele lhe diz no silêncio do seu quarto, com aquela voz calma, suave e tranquila. Essa é a voz da verdade. Você e eu, todos nós, nascemos para ser felizes, não importa como. Corra atrás da sua felicidade – dentro de você existem as respostas. Seja muito feliz!

Bibliografia

BORYSENKO, Dra. Joan. *A mulher de 0 a 90 (e além):* Os ciclos femininos sob o ponto de vista da biologia, da psicologia e da espiritualidade. Trad. Ruy Jungmann. Rio de Janeiro: Record, 2002.

GLINA, Sidney. *Impotência sexual.* São Paulo: Contexto, 1988.

HAGEN, Philip. *Clínica Mayo:* guia de cuidados pessoais com a saúde/ respostas e cuidados para problemas comuns. Trad. J. Salomão. Rio de Janeiro: Anima, 2004.

PILATES, Joseph H. & MILLER, William J. *Your Health Return to Life Through Contrology.* Editado e revisado por Sean Gallagher e Romana Kryzanowska. Oregon: Presentation Dynamics, 1998.

POLUNIN, Mirian. *Alimentos que curam:* um guia prático de alimentos essenciais para a boa saúde. São Paulo: Marco Zero, 1997.

SABA, Fabio. *Mexa-se:* atividade física, saúde e bem-estar. São Paulo: Takano, 2003.

STOPPARD, Miriam. *Desafiar a idade.* Londres/Porto: Dorling Kindersley/ Civilização, 2003.

Colaboradores

- Alexandre Viana, *personal trainer*, pós-graduado nas Faculdades Metropolitanas Unidas em Treinamento Desportivo e especializado em Treinamento de Alto Nível e Musculação em Moscou.

- Caio Lanza, maquiador do Studio W em São Paulo.

- Cláudia Costa, *personal trainer*, pós-graduada na Escola Paulista de Medicina em Fisiologia do Exercício e Treinamento Desportivo e também em Treinamento Desportivo e Qualidade de Vida na Universidade da Flórida.

- Dr. Cláudio Picazzio, psicólogo, sexólogo e consultor da Coordenação Nacional de DST/AIDS (Ministério da Saúde). Autor dos livros *Diferentes desejos e Sexo secreto*.

- Dra. Eliane R. Collis, nutricionista, pós-graduada em Obesidade pelo IPCE Instituto e especializada em Gerontologia no Hospital do Servidor Público Estadual. Atua nas áreas hospitalares, clínicas de estética e consultório, com enfoque em Cirurgia Bariátrica.

❧ Isabel Giusti, *personal trainer,* especialista em Yoga, Meditação e Ayurveda. Oferece aulas em grupo para grávidas.

❧ Dra. Juliana Rodrigues, dentista, pós-graduada em Ortodontia e Ortopedia Funcional dos Maxilares, com aperfeiçoamento em Odontologia para Bebês e Odontopediatria e atualização em Dentística.

❧ Dra. Lisnia de Paula Marinelli, nutricionista, pós-graduada em Nutrição Clínica e Funcional; especialista em Nutrição Ortomolecular pela Sociedade Brasileira de Medicina Complementar.

❧ Natércia Martins Tiba, psicóloga clínica pela Pontifícia Universidade Católica de São Paulo. É membro do International Association of Group Psychotherapy e sócia-fundadora do Instituto Integração Relacional.

❧ Dr. Renato Kalil, especialista em Ginecologista e Obstetra. Membro da American Academy of Family Physicians. Infertilidade conjugal - Videoendoscopia Pélvica.

❧ Rogério Chellucci, fisioterapeuta, pós-graduado em Fisioterapia Ortopédica, formado em RPG e especializado em Acupuntura.

❧ Dr. Rogério Moreno, médico ginecologista e obstetra, especialista em videolaparoscopia e video-histeroscopia.

❧ Dr. Sidney Glina, urologista especializado em Infertilidade, doutor em Cirurgia pela Faculdade de Medicina da Universidade de São Paulo. Chefe da Clínica Urológica do Hospital Ipiranga e Urologista do Instituto H. Ellis. Membro da Sociedade Brasileira de Sexualidade Humana (SBRASH). Coautor do livro *Os órgãos de Adão.*

❧ Silvana Lima, cabeleireira do Studio W em São Paulo.

As quatro faces da mulher

Realize seu verdadeiro Potencial

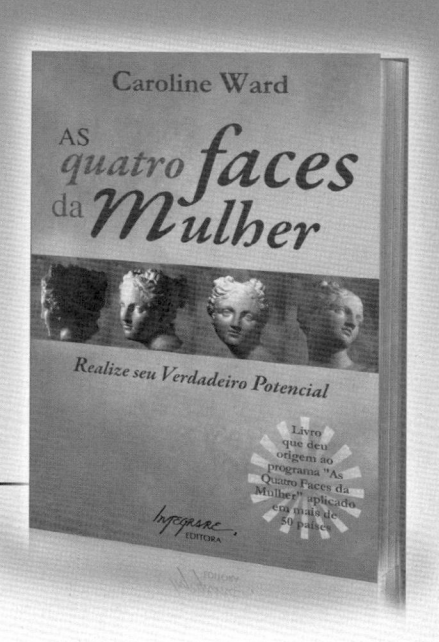

Autora: Caroline Ward
ISBN: 978-85-99362-35-8
Número de páginas: 288
Formato: 14 × 21 cm
Valor: R$ 39,90

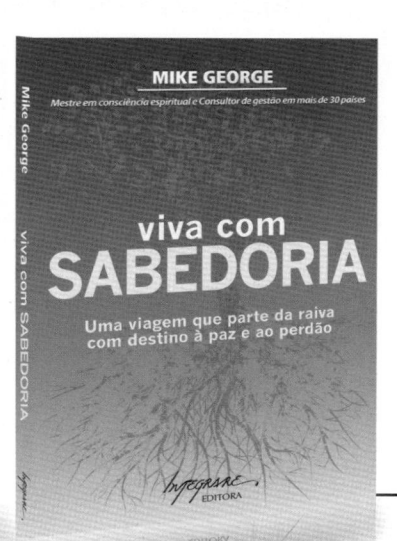

Viva com Sabedoria

Uma viagem que parte da raiva com destino à paz e ao perdão

Autor: Mike George
ISBN: 978-85-99362-49-5
Número de páginas: 208
Formato: 14 × 21 cm
Valor: R$ 33,90

Edições Loyola

impressão   acabamento

rua 1822 nº 341
04216-000 são paulo sp
T 55 11 3385 8500
F 55 11 2063 4275
www.loyola.com.br